神奇垛田

中国传统文化与风俗丛书

■《神奇垛田》编写组 著

东南大学出版社

内容提要

你听说过"垛田"吗？你认识"三十六垛"以及那些古老而又年轻、富有传奇色彩的村落吗？你知道出产于垛田的新鲜蔬果是怎样种植的吗？你了解垛田丰厚的历史文化和独特的风土人情吗？本书将带你走进垛田这方神奇的水土，帮你解读垛田的历史文化、风物特产和风土人情。

这是一部系统介绍江苏省兴化市垛田镇的文化读本，分为9辑共74篇文章，读者对象为中等以上文化程度的普通读者、地方文史爱好者和研究者。全书以研究垛田的最新成果、通俗易懂的语言文字和图文并茂的编排样式，向你叙说垛田的历史渊源、村庄概貌、渔耕特色、风物特产、多彩文化、乡风民俗、历史人物及掌故传说，还有忆明珠、冯亦同、陆星儿等文学大家赞美垛田的美文诗歌……

图书在版编目(CIP)数据

神奇垛田/神奇垛田编写组著. —南京：东南大学出版社，2012.7
 ISBN 978-7-5641-3635-2
（中国传统文化与风俗丛书）

Ⅰ. ①神… Ⅱ. ①神… Ⅲ. ①乡镇-文化史-兴化市 Ⅳ. ①K295.35

中国版本图书馆 CIP 数据核字(2012)第 153221 号

神奇垛田

出版发行	东南大学出版社	责任编辑	陈 跃 陈筱燕
E-mail：	chenyue58@sohu.com	电 话	025-83795627(O)
传 真	025-83362442		
出版人	江建中	社 址	南京市四牌楼2号
邮 编	210096	网 址	http://www.seupress.com
电子邮箱	press@seupress.com		
经 销	全国各地新华书店	印 刷	泰州苏中印刷厂
开 本	700 mm×1000 mm 1/16	印 张	17.5
字 数	284千字		
版印次	2012年8月第1版 2012年8月第1次印刷		
书 号	ISBN 978-7-5641-3635-2		
定 价	46.00元		

(凡因印装质量问题，请与我社营销部联系。电话：025-83791830)

《神奇垛田》编委会

主 任 委 员： 王　铎

副主任委员： 李劲松　王春华

委　　　员（以姓氏笔画为序）：

　　　　　　王一兆　王春华　王　铎　尤胜堂
　　　　　　汪夕禄　李劲松　李松筠　杨天民
　　　　　　吴　萍　张培元　陈　斌　董景云

撰　　　稿： 李松筠　王一兆　张培元
　　　　　　董景云　陈　斌　尤胜堂

主　　　审： 刘春龙

编者手记

垛田，这方神奇的水土，因为水垛相伴的独特地貌令人称奇，因为金黄的油菜花而名扬四海，因为优美的传说让人遐想，因为李春芳、郑板桥等众多贤人名士叫人仰慕，因为迷人的自然风光和亘古绵长的历史令人陶醉……

"千岛之乡"、"蔬菜之乡"、"油菜之乡"、"脱水加工之乡"、"民间艺术之乡"……一个个美誉，一顶顶桂冠，从不同的视角诠释了她的神奇、她的历史、她的辉煌。

垛田，既是一个行政区域的名称，更是一个地理学概念。千年的风雨沧桑，厚重的文化积淀，瑰丽的生态环境，奇特的风情风俗，使垛田成为水乡兴化一个闪光的文化标识。众多文人墨客、专家学者在游览垛田后啧啧称赞。原新华社社长穆青曾预言："垛田是21世纪的旅游胜地。"贾平凹行吟垛田直叹"不虚此行"。首届中国农业文化遗产保护论坛认为，兴化垛田是中国有典型意义的历史地理和农业生态系统变迁的活化石，是研究当地生态环境变迁和土地利用方式转变的珍贵标本，完全具备成为全球重要农业遗产的价值和意义。2009年，"兴化垛田"被国家文物局主编的《2009年第三次全国文物普查重要新发现》收录，这是苏北地区唯一入选的文物普查重要新发现。2011年,"兴化垛田"又被江苏省政府公布为第七批文物保护单位。

然而,随着工业化、城市化进程的加速,这一具有浓郁地域特色的农田生态系统正发生着令人遗憾的嬗变。我们今天见到的垛田,比三十年前矮了、小了、面积减少了;许多传统的生产劳动方式与场景不见了;婚丧嫁娶、逢年过节的一些风俗淡化了。今天的垛田,无论是地理意义上的还是文化概念上的,都令人有面临丢失的隐隐担忧。作为垛田的子孙,我们有责任、有义务,挖掘并整理好这一方优秀的文化,参与并呼吁保护好这一方古老的水土。这便是编写此书的初衷。

在本书近一年的编写过程中,我们认真查阅有关资料,深入民间走访调查,多次召开座谈会、研讨会、改稿会,力求理清垛田的历史脉络,全面展现垛田风情风貌,深入探究垛田文化,系统解读垛田"密码",力求使该书具有史料性、学术性、可读性,成为图文并茂的文化读本。然而,限于水平、笔力和其他客观原因,美好的愿望与成书现实还有较大差距,书中一定还存有种种缺憾甚至错误,挂一漏万的情况亦在所难免。譬如"三十六垛"一章,只是介绍了部分有代表性的村庄;"八鲜果蔬"一章,未能完整展现垛田的风物特产;"你传我说"一章,笔力所及,凤毛麟角,还有许多充满神奇色彩的故事有待读者探索发现。

本书的编写与出版,得到了兴化市文化广电新闻出版局领导和有关专家学者的指导,得到了东南大学出版社的帮助,得到很多老干部、老教师、老农民、老艺术家的支持。我们还收录了几位作家、诗人赞美垛田的散文、诗歌。在此,一并表示衷心感谢和崇高敬意。

二〇一二年八月

目 录
CONTENTS

第一辑　追根溯源 ... 1
南荡遗址与垛田 ... 3
曾经繁华"耿家垛" ... 7
岳飞驻师旗杆荡 ... 10
得胜湖上烽烟急 ... 14
昭阳古景占三席 ... 17
名士难解垛田缘 ... 22

第二辑　三十六垛 ... 25
"三十六垛"留美名 ... 27
花园垛 ... 29
大徐垛 ... 31
何家垛 ... 34
张皮垛 ... 38
翟家垛 ... 41
刁姚垛 ... 44
王横子 ... 47
湖西口 ... 50

高家荡 …………………………………………………… 52

　　周家荡 …………………………………………………… 55

　　大凌沟 …………………………………………………… 58

　　将军庙 …………………………………………………… 62

　　孔戴舍 …………………………………………………… 66

第三辑　四时渔耕 …………………………………………… 69

　　长菜籽 …………………………………………………… 71

　　秧瓜 ……………………………………………………… 74

　　戽水 ……………………………………………………… 77

　　镨岸 ……………………………………………………… 80

　　罱泥 ……………………………………………………… 82

　　扒茬·挖茬 ……………………………………………… 84

　　出门卖菜掇水草 ………………………………………… 86

　　乡人闲暇捕鱼忙 ………………………………………… 89

第四辑　八鲜果蔬 …………………………………………… 99

　　垛田过去有"三宝" …………………………………… 101

　　大蓝小蓝和槐蓝 ………………………………………… 104

　　最数高产油菜籽 ………………………………………… 107

　　漂洋过海一香葱 ………………………………………… 108

　　垛田芋头甲天下 ………………………………………… 111

　　乌羊佳蔬有萝卜 ………………………………………… 115

　　小小韭菜名气大 ………………………………………… 117

　　芦洲西瓜叫"呆子" …………………………………… 120

　　纤巧白嫩连根菜 ………………………………………… 122

"青菜大王"大头青 ·········· 125

第五辑　五彩文化 ·········· 127
民舞奇葩高跷龙 ·········· 129
一张一弛判官舞 ·········· 132
独树一帜农民画 ·········· 134
破卷残书入画来 ·········· 137
民俗文化看庙会 ·········· 140

第六辑　十里乡风 ·········· 147
四时八节 ·········· 149
衣食住行 ·········· 159
生儿育女 ·········· 173
嫁娶婚庆 ·········· 177
丧葬习俗 ·········· 190

第七辑　人物小传 ·········· 199
"琼林耆宿"王月旦 ·········· 201
兴化电报创办者王庭莲 ·········· 203
垛田革命第一人沈云楼 ·········· 204
英勇区长高原 ·········· 206
地下工作者王庭跃 ·········· 207
县督学沈选楼 ·········· 209
老县长张松发 ·········· 210
转战南北的孔洁 ·········· 212
油菜姑娘王兰英 ·········· 213

名僧果丰 ···································· 214

第八辑　你传我说 ···································· 217
　　垛田来由故事多 ···································· 219
　　神神秘秘旗杆墩 ···································· 223
　　得胜湖畔话神奇 ···································· 225
　　洪水漫天"丢"芦洲 ···································· 231
　　铁拐李拯救费张垛 ···································· 234
　　乌牛垛上一黑牛 ···································· 236

第九辑　美文撷英 ···································· 239
　　垛田/姜琍敏 ···································· 241
　　兴化垛田印象/冯亦同 ···································· 244
　　正是油菜花开时/翁敏华 ···································· 246
　　垛田菜花黄/忆明珠 ···································· 249
　　春风一夜"落黄金"/陆星儿 ···································· 251
　　感受垛田/刘春龙 ···································· 254
　　出产性格的地方/周伟 ···································· 258
　　家乡油菜花/李松筠 ···································· 261
　　垛田,罕见的地理空间/董景云 ···································· 263

第一辑　追根溯源

南荡遗址与垛田

考古证明,早在4 200多年前的新石器时代,垛田地区便有了人类活动。

1989年和1991年,林湖乡戴家村村民在开发湖荡沼泽时,先后发现了大量动物骨骼亚化石和陶片。1992年,经国家文物局批准,南京博物院会同扬州、兴化博物馆进行了考古发掘。这里的文化遗存主要为干栏式房屋遗址和陶器、石器、角器。陶器主要有鼎、壶、罐、瓮、盆、钵等;石器有刀、锛、凿等,皆为磨制;骨器有管、笄,磨制精细。2007年,兴化市人民政府公布上述发现的南荡遗址为兴化市文物保护单位。南荡遗址西北部毗连得胜湖,故垛田地区与南荡遗址拥有共同的先民。那时,垛田祖先便生活在今垛田、林湖、大垛一带。

南荡古文化遗址位于林湖乡戴家村,距垛田芦洲约2公里(赵桂虎 摄)

南荡遗址揭示了豫东王油坊类型龙山文化迁徙的轨迹,代表了一种跨地域式文化迁徙的模式。该遗址的发现,对于探讨华夏文化的起源,揭示勾吴文明的发端有着极其重要的意义。同时,对研究垛田先民的来源很有价值。

南荡遗址与垛田的成陆过程大致相同,经历了海湾——泻湖——湖沼——水网平原的变化,属于里下河低洼腹地。垛田古称葑田、架田,又称长岸、岛、坨等,是垛田先民掘土垒田,改造大自然而形成的。垛田祖先在沼泽中以木作架,铺上泥土及水生植物(如葑,即茭白根)而浮于水上。"水涸草生,渐成葑田"。垛田漂浮水面,随水高下,不致淹没。《晋书·毛璩传》和北宋苏轼《东坡集》、明代王祯《农书》十一《田制门》中均有相关记述。北宋梅尧臣《宛陵集》云:"雁落葑田阔,船过菱渚秋。"南荡遗址的发掘表明,垛田的雏形早在新石器时代和先秦时期便已形成。

隋炀帝时,随着大运河的开凿,南北经济文化交流更加频繁。唐天宝十四年(755年)"安史之乱"后,我国的经济中心逐步南移,江淮地区得到迅速发展。唐大历二年(767年),淮南节度判官李承主修"常丰堰"。由于劳动力增加,种植业发展,垛田大面积出现。北宋天圣元年(1023年),范仲淹任兴化知县,在"常丰堰"的基础上筑成"范公堤",有效地挡住了海水西灌,有利于垛田地区经济的发展。南宋建炎二年(1128年),黄河改道南下,带来了大量泥沙,里下河一带,特别是兴化境内的沼泽地露出水面。垛田祖先在早已形成的垛岸基础上进一步积土垒垛,从而出现了成千上万块四周环水的岛屿状田地,用来种植蔬菜,并产生了一个个村落。其后,岳飞驻军兴化,在垛田旗杆荡畔安营扎寨,利用荒滩堆垒土墩。延至明代,出现了"葑田凫唼唼,芦渚雁嗈嗈"的胜景(高谷《题兴化邑志初稿》)。民国三十四年(1945年)徐谦芳《扬州风土记略》记载:"兴化一带,有所谓坨者,面积约亩许,在水中央,因地制宜,例于冬时种菜,取其屏水之便也;故年产白籽甚丰。"1988年商务印书馆出版的《中华人民共和国地名词典》(江苏卷)指出:"里下河低平原村镇:垛、墩、堡……"

明洪武初年,明太祖朱元璋实行"洪武赶散"大移民,将苏州、昆山等江南几十万人口强迁到江北里下河地区,史称"驱逐苏民实淮扬二郡"。此时,大批移民迁入垛田,带来了先进的生产技术和文化,促进了本地区经济的发展。此后,垛田多次吸纳外地移民。在明建文四年(1402年)"靖难之役"、永乐年间移民、清代咸丰年间太平天国战争以及抗战前夕,均有江南移民迁入垛田,给垛田增添了新的活力。我们从民间保存下来的家族谱牒中,可以了解到部分垛田先民的情况。

垛田严家垛(今得胜村)严姓系由江南迁入。据《富春堂严氏宗谱》记载，南宋建炎年间(1127—1130年)，会稽余姚(今浙江余姚)人严光后裔四十八公由浙江鄞县出任平江(今苏州)判官，其裔孙分居于苏州、木渎、常熟一带。明洪武初年，严姓子孙中的一支世居苏州木渎，共生三子。其中一子毓公由苏州阊门外迁居江北淮安府盐城县，辗转千秋堤、义丰等地定居伍佑场严家巷(今盐城市盐都县伍佑镇)。不久，毓公携长子再迁兴化县东严家垛。目前，严家垛严氏长门约400口。此外，尚有族人散居垛田芦洲、北腰、袁家垛等地。

垛田鲍林氏源于福建行省兴化府(今福建莆田市)。鲍林系璧合姓，即将两个不同的单字姓组合成一个新的复姓。明代洪武初年，鲍、林二姓始祖辗转大都(今北京)、苏州迁居兴化城北土桥(今西鲍乡)。后来，由于鲍姓无子，林姓生有一子数女。于是，林姓将儿子入赘鲍姓。不久，夫妇生下三子，确定世代以"鲍林"为复姓。三子分为三房。长房立"福禄堂"，又称中门，二房立"敦睦房"(清康熙年间兴化知县盛宏邃题匾)，又称东门，三房立"问礼堂"(取"林放问礼之本于孔子"意)，又称西门。其后，一支由西鲍迁入垛田。

垛田高姓祖籍河南怀庆府(今河南沁阳)。南宋建炎二年(1128年)，高氏祖先随宋高宗赵构南渡，迁居扬州。扬州被金兵占领后，又迁入兴化。元代曾流寓苏州、安徽贵池、浙江一带。元末，高焯自苏州迁丁溪场(今东台丁溪镇)。高焯生高谷(明代东阁大学士)，迁入兴化城。后来，子孙中的一支迁入垛田高家荡。烈士高原(高廷元)便生于高家荡高氏家族中。

垛田徐姓源于苏州。据创修于明万历二十五年(1597年)的《徐氏家谱》记载，始祖徐均佑从苏州阊门迁居兴化东城外东作北总(今徐家桥附近)。元至正二十六年(1366年)，朱元璋麾下大将徐达率兵攻占兴化。徐均佑的长子徐福一、三子徐福三加入徐达军队，并随同攻克宝应、淮安等地，后转战江南，直至明政权建立。明朝定都南京后，徐福一与徐达联宗，任羽林右卫指军佥事，封明远将军，入江宁(今南京)籍。因此，兴化徐氏家族同时奉徐均佑、徐达为祖先，并将牌位列于徐氏宗祠中。徐福三居盐城，任守御千户所千户。徐均佑次子徐福二从文，官工部员外郎。徐福二生徐谥，为第3世。徐谥生徐琎，为第4世。徐珽生徐宾阳,为第5世。徐宾阳生徐志,任湖广归州(今湖北秭归)知州,为第6世……其间,有一支移居垛田大徐垛(今杨花村)一带,至明中期产生一位奇女子,后来配"状元宰相"李春芳,被诰封为一品夫人,留下一段佳话。

  垛田孔姓乃古代大思想家、大教育家孔子后裔。据创修于清顺治二年(1645年),三修于宣统元年(1909年)的《兴化孔氏支谱》记载,明嘉靖末(约1557年前后),孔子第61世孙孔宏贤(字近溪)由苏州赴江北淮安,为客死淮安的父亲孔承凤(字朝阳)料理丧葬事宜,因与祖籍句容的李春芳"有故",遵照父亲生前表述的"居苏非吾志也,吾愿托居于江北简朴而文之地"遗愿,葬父于兴化东郊垛田一村舍(即今孔戴舍),并在兴化城东长安桥南顾家巷、百岁坊巷一带(今兴化市第三人民医院北部)筑屋定居。其后,部分族人迁居孔戴舍。2005年1月17日,《孔子世家谱》工作协会江苏分会负责人孔卫东先生等一行来到垛田孔戴寻访孔子后裔。孔卫东从孔子第75世孙孔祥怡老人手中接过珍藏至今的清刻本《兴化孔氏支谱》,发现该家谱与北宋元丰七年(1084年)创谱、民国二十六年(1937年)续修的《孔子世家谱》所列的孔子家族世系总图吻合。孔卫东指出,兴化孔子家族属"南宗"浙江衢州派句容支兴化分支,系孔子嫡传后裔,其最大的聚居地为垛田孔戴。

曾经繁华"耿家垛"

2008年11月,在第三次全国文物普查工作中,人们发现了位于垛田镇湖西口村的耿家垛遗址。该遗址发现于原始垛田地表以下约1米,占地面积约3万平方米。

2009年6月,考古专家张敏(左)在位于湖西口村的耿家垛遗址进行考古论证(李松筠 摄)

通过踏勘,人们发现耿家垛遗址散落着大量的碎陶片。同时,挖出了铺设较为整齐的古街道以及古井、古铜镜、筒瓦残片和规格较大的残砖等。经专家鉴定,耿家垛遗址为我国春秋至西汉早期(约公元前800—公元前160年)古文化遗址,距今约2800~2200年。考古专家张敏认为,古文化遗址中的周(春秋、战国)文化遗存,反映了吴国灭邗后版图扩大至江北,特别是战国时期楚灭越后,今兴化一带已形成楚国的重镇。

耿家垛遗址的发现,填补了兴化地区自春秋战国至秦汉时期的历史空白。耿家垛遗址距兴化城区约3公里,对研究兴化城区(昭阳镇)的形成和迁徙演变具有重要价值。值得一提的是,筒瓦是汉代官瓦,其残件的发现证明,早在汉代之前垛田境内已有行政建制,意义十分重要。

兴化城区的迁徙演变,经历了漫长的历史阶段,而今天垛田的形成和发展乃至繁华同样有着渐进的过程。我们从垛田境内发现的古箭镞等文物和南荡遗址等若干古代文化遗址中知道,早在商周时代,今垛田一带便是江淮流域东夷人的聚居地之一。

东夷又称夷方、淮夷,是商周时期东部海滨诸族的统称,属于我国古老民族的一部分。东夷人以渔猎为主,已制作和使用陶鼎、陶罐、陶盆等生活用具,这从耿家垛遗址发现的大量陶片中得到印证。当周公平定东夷部落时,居住于淮水以北的部落只好迁徙到淮南,建立了邗国,远离周朝统治中心。公元前841年,中原地区发生"国人暴动"。不久,周公、召公主持朝政,史称"周召共和"。《兴化县志》(胡志)记载:"共和间,淮夷作乱。"这就说明,当时,今兴化地区也曾发生淮夷(东夷)起义。东夷在与商、周政权对抗的同时,吸纳了中原先进的文化,并逐渐与中原华夏族融合,成为中华民族的组成部分。春秋时期,兴化地区先后隶属于吴国、越国。延至战国时期,楚国令尹昭阳将军于楚威王六年(公元前334年)率兵攻打越国,杀死越国国君无疆,使今兴化一带并入楚国。楚怀王六年(公元前323年),昭阳又率兵攻打魏国,得襄陵(今河南睢县)等八邑,威震齐、燕、赵、魏、秦、韩六国。当时,兴化一带为古渤海之地。楚怀王将此处封为昭阳食邑。因此,人称"渤海镇军压六王而霸楚,阳山食采留三户以诛秦"。

公元前223年,秦国攻破楚国都城寿春(今安徽寿县)。次年,楚国灭亡,今兴化一带归附秦国。公元前221年,秦始皇统一中国,建立秦朝政权,废除分封制,推行郡县制,兴化一带隶属九江郡。九江郡治所设寿春,辖区包括今安徽、江苏部分地区。此外,著名历史地理学家谭其骧先生在《秦郡新考》中认为，兴化一带应隶属东海郡。东海郡，治所设在郯县（今山东郯城县北）。楚汉之际为郯郡。郯郡是古代郯国属地，国亡后子孙星散，至今兴化缸顾一带聚居着郯姓，是郯国国君后裔。

汉高祖十二年（公元前195年），兴化一带属吴王刘濞管辖。自西汉至隋唐，兴化历属临淮郡、广陵郡、江都郡。唐代，今兴化城区设昭阳镇。五代杨吴武义二年（公元920年）析海陵境北置招远场（盐场），不久改设兴化县，取"兴盛教化"之意。其间，兴化县衙一直设在始建于唐昭宗大顺年间的宝严寺（西寺）内，直至清末尚保存若干县衙遗迹。北宋淳化年间（990—994年），县衙移至县城中心（今府前街北侧）。

通过对兴化自远古至汉、唐、宋历史沿革和今天兴化城区迁徙演变的回溯，我们进一步认识到垛田耿家垛遗址的价值，同时对垛田曾经的繁华有了虽属模糊但较为真切的感受。耿家垛遗址上铺设整齐的古街道和古井充分说明，在春秋战国时期至西汉，垛田已经有了热闹的街市和成片的居民住宅，经济应当已发展到一定水平。筒瓦属于汉代官瓦，是官府建筑材料，其残片表明了耿家垛曾经设有某一级地方行政机构。考诸典籍，历代兴化地方志对兴化行政机构的记载，最早时间可追溯到唐代设昭阳镇。耿家垛遗址汉代官瓦的发现，不仅填补了唐代设镇、五代设县以前的大段文献空白，而且昭示了今天的垛田早在战国至汉代已是经济、文化相当发达的地区。当然，对于古代垛田繁华的原因及其详细情况，尚待我们结合遗址的进一步发掘、整理和文献资料进行分析、探索，以便对垛田先民当时的生产、生活状况加以研究和表述。

岳飞驻师旗杆荡

在兴化历代志书和民间传说中,有许多与抗金英雄岳飞有关的史迹和神奇故事,如垛田旗杆荡、兴化城的靴桥、土神庙(位于西门,屋梁上方存岳飞雕翎箭)、鞑子巷(塔寺巷)、系马桩(据后人考证,实为明代兴化千户所千户薛姓府第前系马石)、城北的乌巾荡(又名护金荡,传为岳飞追击金兀术,张弓射箭,将其头上乌巾射落荡中)等等。其中,旗杆荡实实在在源于岳家军的抗金史实。

旗杆荡,又名旗干荡(见《兴化县志》)、旗杆荡、旗盘荡(见《扬州府志》)。明嘉靖三十八年(1559年)兴化知县胡顺华主修的《兴化县志·古迹》记载:"旗干荡,在县东南,岳武穆战逐金虏时驻师于此……"清咸丰元年(1851年)兴化知县梁园棣主修的《重修兴化县志》(梁志)记载:"旗干荡,县东,岳武穆驻师处。"其《宦绩》云:"岳飞,字鹏举,相州汤阴人。建炎四年,以通泰镇抚使兼知泰州,镇本县。金人攻楚州,飞往援之。抵承州,三战三捷,杀高太保,俘酋长七十八人。兵解去,邑民获安。"

旗杆荡位于垛田芦洲以西、张家庄以东水域,原为一处呈三角形状的湖荡。据《宋史》及地方志记载,旗杆荡与岳飞抗金渊源深厚。南宋建炎三年(1129年),金兵右监军元帅金兀术(完颜宗弼)渡江南侵。时任宋军统制岳飞(谥号武穆,赠封鄂国公、鄂王)率岳家军驻守今安徽广德、江苏宜兴一带,奋力抵抗金兵。建炎四年(1130年),金兀术因战事不利而北撤回国,退至镇江黄天荡一带时,被宋军名将韩世忠、梁红玉夫妇迎头痛击,溃不成军。这时,岳飞率部收复了建康(今南京)。为挽颓势,金兵左监军元帅挞懒(完颜昌)从北方率兵南下,以便与北撤的金兀术夹击宋军,准备打通里运河沿线城埠,从而企图占领江淮东部地区。因此,当时的承州(今高邮)、楚州(今淮安市楚州区)、扬州之间的广大地域成为宋、金争夺战的主要战场,其战略位置显而易见。同年七月,时任通泰镇抚使的岳飞由楚州进驻兴化。其间,岳家军部分人马曾去泰州一带,在泰县里华(今姜堰市华港镇)击败金兵,俘阿里字董等金将70多人。接着,又由兴化赶往承州(今高邮)与金兵作战。兵进承州时,在三墩(今高邮三垛镇)三战三捷,取得"三垛大捷",斩获甚多,使金兵不敢东顾。此时,兴化县级政权溃散,降为昭阳镇,隶属泰州管辖,岳飞以通泰镇抚使兼知泰州,成为主持兴化军政的官员。

在兴化期间操练水军,多次与来犯的金兵激战,歼灭金兵大量有生力量。

由于岳家军抗金胜利,大批江淮难民纷纷投奔岳飞,兴化一带人口有所增加。不久,由于战局不利于赵宋王朝,岳飞在高邮战役后一段时间先由兴化旗杆荡营寨撤至泰州,再退往柴墟(今泰州高港区口岸镇),在南霸桥重创金兵。然后,在护送难民到马驮沙(今靖江生祠镇)后渡江至江阴,江淮东部最终被金兵占领。绍兴十二年(1142年),岳飞奉诏返回临安(今杭州),次年以"莫须有"罪名被投降派秦桧害死于风波亭。

岳飞在兴化垛田期间,留下了古战场遗迹,其后又形成一些特有的民风民俗。岳家军在与金兵作战中牺牲了一些英勇将士,当地百姓将他们的遗体埋葬在大水淹不到的垛岸上,每年清明节这一天都撑快船到英烈安葬处祭奠。这种民间祭祀活动,后来传到边城、茅山、溱潼一带,逐渐演变成今天享誉海内外的"茅山会船"、"溱潼会船"。由于垛岸安葬了岳家军牺牲将士,兴化城一些名门望族往往将自己故世亲人的归宿选定在垛田,认为是"风水宝地"和"蓄正气之吉壤",从而形成了不少家族茔地。如垛田申家甸魏克三(清末书画家,官法部举叙司五品主事)、魏平孙(原兴化政协副主席、中医院院长)父子墓、仇家垛国学大师李详(字审言)墓、小戚舍(因"小校戚椿"得名,今城东村)明代著名改革家、内阁首辅(宰相)张居正后裔(祖籍湖北荆州,流寓兴化)张荣甫、张锡蕃、张执之(名惟中)、张馨之(名惟楷)、张寿恩(名鸿炎)、张普安(名鸿恩)等家族墓。此外,人们在旗杆荡一带发现了不少岳家军使用的军用水壶,即所谓岳瓶(上有"岳"字)、韩瓶(上有抗金名将韩世忠姓氏)。这些岳瓶、韩瓶于民国十七年(1928年)由古物保管委员会兴化支会(会长李详)收藏于范公祠东厅内。1934年移入魏氏宗祠内。目前,由兴化博物馆珍藏。

由于岳飞在兴化垛田一带坚持抗金,在水荡中竖起抗金大旗,当地百姓将此荡命名为"旗杆荡"。兴化人民为了纪念有恩于百姓的岳飞,自明洪武年间重建文庙起,即在名宦祠中立有硕大的牌位,上书"鄂王、前通泰镇抚使岳公飞",又于清康熙年间在兴化西城内大街马桥西建有岳王庙(全称"岳鄂王庙"),塑有岳飞及岳云等忠勇将士神像,其抱柱楹联为"凛凛生气,悠悠苍天",庙门前立有反缚下跪、赤身裸体的秦桧、王氏石像。

清代诗人王熹儒游览旗杆荡,不禁为岳飞抗金的事迹所感动,赋诗赞叹:"海滨曾驻鄂王营,至今湖水留其名。晴霞射波作五色,参差如见旌旗明。铁骑中原飞驰突,岳家军到尽股栗。阃外方传决战书,朝中已定求和策。鼓煮不死旗不掣,水底蛟龙奄鳞鬣。五百年来斗志存,飒沓寒芦乱飞雪。欲从水畔建灵祠,上将忠魂长在兹。倚剑南天望北雁,犹是金牌未下时。"这首诗讴歌了岳飞抗击外族侵略的功绩,抨击了投降派的无耻行径,并希望在旗杆荡畔为岳飞立祠塑像。

虽然岳家军久已离开旗杆荡,但他们不畏强暴、捍卫正义的精神一直引领着后世子孙。1941年,抗战烽火在旗杆荡燃起,垛田儿女配合新四军、游击队打击日伪军,并建立了自己的抗日民主政权旗杆乡。同年5月15日,新四军二旅六团三营战士和垛田游击队在旗杆荡以车伏击了一艘由东台开往兴化的日军汽艇,俘虏2名日军士兵,其余24人葬身水中。

进入和平年代,成千上万的垛田人开展了改造自然的战斗。他们依靠人力在1976年开挖了垛田历史上第一条贯穿南北的人工河——跃进河,垛田也开始有了陆路和联圩。

1977年,垛田中学高中部迁入旗杆荡。后来,这所学校曾一度改为兴化市多种经营技术学校、兴化市第二职业技术学校。2009年,该校又改为垛田初级中学。

随着工业经济的发展,旗杆荡地区还设立了工业园区,先后有五福酱品厂、纸箱包装厂、车辆配件厂、塑料发展公司等企业入驻。1997年,垛田镇与韩国客商在旗杆荡畔创建了"江苏信友食品有限公司",为引进蔬菜加工新技术、新设备建立了平台,为创建脱水蔬菜产品基地打下了基础。

跃进河挖成后,垛田水产村迁入旗杆荡,形成新的居民区。原先居无定所的渔民来到旗杆荡畔,过起了陆上定居生活。他们不但搞水产养殖、经商、做工等,而且渴求文化科学知识,重视对子女的教育和后代的培养,在年轻一代中产生了不少人才,还走出了一位"公仆作家"刘春龙。刘春龙先生现为江苏省作家协会会员,已经出版中篇小说集《无意插柳》、长篇小说《深爱至痛》、散文集《乡村捕钓散记》。其中,《深爱至痛》获泰州市政府文艺奖、泰州市"五个一工程奖"。《乡村捕钓散记》由人民文学出版社出版后更是好评如潮,被誉为"国内唯一一部专写渔事的散文集,具有多重价值"。人民文学出版社和江苏省作家协会联合召开了《乡村捕钓散记》专题研讨会,与会作家对这本散文集给予了高度评价。在2011年11月揭晓的江苏省第四届紫金山文学奖评选中,《乡村捕钓散记》获得散文奖。

湖上渔家(杨天民 摄)

得胜湖上烽烟急

神奇垛田

在兴化城东6公里处,便是烟波浩渺的得胜湖,水面方圆20平方公里,连接垛田、林湖、东鲍(今城东镇)3个乡镇,成为兴化境内最大的天然湖泊。得胜湖四周环绕着湖东口、戴家舍、芦洲、湖西口、王横、湖北庄、刘家沟等村庄,景色优美。

得胜湖古名率头湖。同时,由于得胜湖在干旱时节水位下降,其伸出的部分露出水面形成陆地,故又称缩头湖。

历史上的得胜湖曾几度烽烟四起,发生过多次战争,留下了许多可歌可泣

得胜湖一角(李松筠 摄)

的故事。南宋绍兴元年(1131年)三月,渔民出身的张荣、孟威、贾虎、郑握在梁山义军首领宋江遇难后组织义军抗击金兵,由梁山泊辗转进入兴化境内的缩头湖,安营扎寨,自称"水浒寨"。当义军侦察到金兵准备从占据的泰州侵犯兴化后,就积极备战,在缩头湖中打下了许多暗桩,形成水中"八卦阵",然后设计诱敌深入,将金兵引入湖荡之中。当时,缩头湖一带地形复杂,垛岛纵横交错,湖面芦苇丛生,水中到处都是暗桩,形成了水上"迷宫",入侵的金兵进入湖中后顿时迷失方向,只能处处挨打。这次战斗,张荣义军击退了金兵主帅挞懒(完颜昌,金穆宗之子),杀死、溺死驸马胡芦巴等数千人,并活捉了挞懒的胞弟破辣叔等5 000多人,缴获大小船只和战略物资若干,沉重地打击了来犯的金兵,取得了抗金战争的重大胜利,将金兵赶出了江淮地区。此后,金兵就再也没能进入江淮地区,这就有利于宋、金对峙状态的形成和以后南宋繁荣时期的出现,因而在宋、金战争史上意义十分重大。此战在《宋史》中称为"缩头湖之战",又称"得胜湖大捷"。新中国成立后,我国军事史专家将这场战争作为宋军胜利的战例收入《中国历代军事战例》中。后来,兴化人民将缩头湖改名为"得胜湖"。此外,由于民间盛传得胜湖一带原为陆地,属于"城陷变湖",古代曾建有德州城(近期有研究者认为是东晋侨置德州县,因山东德州等地北方移民迁入而设置,与边城一带侨置建陵县同期),故得胜湖在一些古籍中又写作"德胜湖"。

为了纪念张荣义军,人们将张荣等四义士及其军队驻扎的水港取名"水浒港",将金兵进入的湖口称为"冲至口"。不久,又在兴化东门外小尖最东端(今龙津河市场东北隅)建成"四义祠",供奉四位义士的牌位。清代,将"四义祠"改建为"四义楼"。诗人李沂在《阳山赋》中赞叹:"问观楼之巍峨,曰俎豆乎四义……壮武功之骁勇,率三将为冲锐。"

由于张荣率领义军取得抗金胜利,战果辉煌,故被朝廷委任为泰州知州,并总摄兴化县事,封武功大夫,成为主管兴化军政的长官。后来,兴化文庙名宦祠便供奉有武功大夫张荣的牌位。张荣离开兴化、泰州后,回到临安(今杭州),得到宋高宗旌表。另据《鹤颈漕张氏宗谱》(追远堂)记载,张荣因反对秦桧等投降派隐居浙江鄞县鹤颈漕,"四传而人丁兴旺",子孙繁衍至今达数万人,可谓"忠厚传家远,清河世泽长"(张氏祖训)。

延至元代,得胜湖一带又发生了抗元战争。元至正十三年(1353年)正月,泰州白驹场盐民张士诚举起反元大旗,率盐工沿水路攻占戴家窑、兴化城,并"结寨得胜湖",在得胜湖大摆八卦阵,打败了元淮西行省平章政事福寿率领的几千官兵,取得了胜利(见《吴王张士诚载纪》)。当时,张士诚在兴化的留守部队"众共十余万"。于是,在得胜湖中训练水师,准备迎接更大的战争。同年五月,张士诚率军在得胜湖与纳速剌丁率领的大批元军激战。第二年,义军与元军统帅董抟霄激战。董抟霄是元代著名战将,谙熟兵法,在得胜湖与大纵湖之间建立南、北芙蓉二寨(又称北芙营、南芙营),并且改变水道,遍栽鹿砦等军事工事,引诱义军攻寨,分而击之。义军"入辄迷故道,尽杀之"(咸丰梁园棣《重修兴化县志》),鲜血染红了得胜湖。

值得一提的是,得胜湖畔的抗金、反元之战被大文学家施耐庵作为素材进行小说《水浒传》创作。相传,施耐庵辞别曾全力辅佐的张士诚后,回到故乡兴化施家桥隐居,并进行《水浒传》创作。他在得胜湖畔"水浒港"一带村庄搜集张荣等四义士的事迹,积累素材。张荣等义士后来成为《水浒传》中的"阮氏三雄"和浪里白条张顺等水上英雄。得胜湖畔至今保留的"水浒港"原名避风港,与《水浒传》书名关系密切。垛田王横村南部的八卦口遗址犹存,是王横村与得胜湖之间的水上通道。董抟霄设芙蓉寨诱杀张士诚义军,被施耐庵写成"三打祝家庄",等等。

昭阳古景占三席

明代弘治初年,发端于元代的"昭阳八景"扩展为"昭阳十二景",即阳山夕照、三闾遗庙、木塔晴霞、景范明堂、沧浪亭馆、玄武灵台、胜湖秋月、东皋雨霁、龙舌春云、南津烟树、十里莲塘、两厢瓜圃。其中,三大景区均在今垛田境内,这便是胜湖秋月、十里莲塘、两厢瓜圃。2002年,兴化文史研究者张从义、张培元先生对三大景区进行了实地调查、踏勘,并首次撰文作了介绍。

胜 湖 秋 月

胜湖,即得胜湖,位于垛田境内,现已辟为水产养殖场。得胜湖距兴化城东约6公里,原是集名胜古迹、人文景观、自然风光和古代水战场于一体的湖泊,素为文人雅士游览、凭吊之处。得胜湖湖底较浅,湖水清澈,周围芦苇丛生,每当夕阳西下之时,霞光映照,恰如唐代诗人王勃笔下的"落霞与孤鹜齐飞,秋水共长天一色"。因此,得胜湖的自然风光美在秋季,这就形成了秋天游览得胜湖,赏月观景的民风民俗。

明洪熙元年(1425年),兴化籍进士高谷在游览得胜湖时,见月光下的得胜湖波光潋滟,四周的村庄若隐若现,如同蓬莱仙境、海上瀛洲,芦荻在秋风吹拂下瑟瑟作响,勾起他回想古代战事,凭吊抗金、反元英雄们的思古幽情,遂将"胜湖秋月"列入"昭阳十景"中,并赋诗一首:"小船摇碧接孤城,月色澄秋分外明。光澈玉壶栖鸟定,影沉金镜蛰龙惊。渔舟未许张灯卧,吟客惟宜载酒行。

何处一声吹短笛？误疑身世在蓬瀛。"

明万历九年（1581年），兴化知县凌登瀛游览"胜湖秋月"景区，赋诗吟咏古代水战场："瀛湖薄东溟，湛湛注凝碧。轻阴霁秋宵，皓月腾幽魄。素影射寒波，悠然荡虚白。卧龙忽惊起，满把玄珠掷。我将托素心，乘流信所适。"

到了清雍正三年（1725年）至七年（1729年），"扬州八怪"领衔人物郑板桥将自己熟悉的"胜湖秋月"融入人生感怀之中，借景抒情，用"耍孩儿"曲牌作了名扬天下的《道情十首》，即《板桥道情》。其中的第一首最为传神，描绘了"胜湖秋月"的旖旎风光，表达了对隐居生活的向往和对当时现实社会的不满："老渔翁，一钓竿，靠山崖，傍水湾，扁舟来往无牵绊。沙鸥点点轻波远，荻港萧萧白昼寒，高歌一曲斜阳晚。一霎时波摇金影，蓦抬头月上东山。"

无独有偶，清代"扬州学派"前期代表人物、著名经学家任大椿先生对"胜湖秋月"景区流连忘返，创作了《得胜湖怀古》："湖阔草根白，客泪洒天表。大厦已不支，胜败勿复较。月照将军心，秋风挟秋到。平湖不听天，气候皆自造。低星避弱水，查竟上寒草。"诗篇中表达了诗人对岳飞、张荣、张士诚等抗金、反元英雄的缅怀之情。延至后世，有人填词一阕："演就天然八卦兮，碧水菜花畦。将军庙圮，旗杆荡在，战马曾嘶。念阊间纳凉谭古，报国事常提。岳家军出，金兵魂丧，教后生迷！"

十 里 莲 塘

"十里莲塘"景区位于车路河以南、兴姜河以东、渭水河以西，大部分地域属于今天的垛田镇。

早在远古时代，这一带是无边无际的湖荡沼泽地区，有癞子荡、旗杆荡、高家荡、杨家荡、南荡等众多大小湖荡。据《晋书》等史籍记载，早在晋代以前，这些湖荡中遍生茭白等水生植物，"四面湖泽，皆是菰葑"。因此，先民在捕鱼为业的同时，利用浅水栽藕，深水长菱。大约在唐宋时期，人们在这一带利用水已干涸、杂草丛生的湖荡垦荒，扩大原有的垛田，形成"水网交织芙蓉国，垛圪纵横瓜果地"。

周武王四年(公元前1057年),周武王分封其伯祖父仲雍的曾孙周章为吴国国君,直至周显王四十年(公元前329年)越国国君勾践吞并吴国,兴化在700多年的历史时期属于吴国辖地,从而形成了许多吴国风俗习惯。《兴化县志》(胡志)记载:"兴自周武王时,从泰伯之封为吴,迄春秋皆为吴地",泰伯"以歌为歌"。每年夏秋之交,人们举行盛大的采莲(菱)活动,表达缠绵的男女爱情。青年男女们撑着小船,一边采摘莲蓬、菱角,一边尽情唱起优美动人的吴歌《采莲曲》:"晚日照空矶,采莲承晚晖。风起湖难渡,莲多摘未稀。棹动芙蓉落,船移白鹭飞。荷丝傍绕腕,菱角远牵衣……"垛田的采莲(菱)民俗活动不绝如缕,一直延续到民国初年。清代兴化诗人周渔的《采菱曲》反映垛田采菱女子对爱情的美好向往和执著追求:"……采菱莫采角,菱角芒于针。不堪刺衣带,时时刺妾心。采菱莫采根,菱根随水长。郎行不弃妾,妾愿随郎往。"民国时期,诗人李竹书则在《得胜湖莲花》中描绘了"十里莲塘"的景色:"万顷莲花一色铺,汇流淮海甲名区。武功报捷俘金地,灵秀钟英得胜湖。三相蝉联占气运,四乡鳞次拥膏腴。风流歇后何年复?但望重还合浦珠。"

采菱(李松筠 摄)

"十里莲塘"景区既有自然景观,又有丰富的人文景观,令人遐想。景区内的下吴庄有一座供奉东汉秣陵(今南京)尉蒋子文的"白马将军庙"。东汉时,原籍广陵(今扬州)的蒋子文将军在追击匪贼时,不幸殉难于南京钟山(又名紫金山)之麓。三国时期,东吴君主孙权加封蒋子文为中郎侯,并建庙祭祀。

此外,据《大树堂冯氏总谱》记载,兴化冯氏始祖冯整(又名九一)早年曾参加过张士诚反元义军,后由苏州辗转边城一带卜居兴化垛田。其长子冯谅(字永福),为明洪武二年(1369年)拔贡,会试朝考,挑取殿试,官升刑部尚书,以清廉著称,封少保、光禄大夫;次子冯端(字永寿),特授提督、白马将军,诰封中宪大夫,死后葬垛田白马将军庙附近。冯端之子冯时贵,历官九江府、安庆府知府,钦加道台衔,后于明宣德八年(1433年)由垛田移居丁溪场(今属东台);孙冯俭,宣德元年丙午科(1426年)举人,大挑一等,特授池州知州,曾购置广西庆远府木山岭山地。因此,有人认为,白马将军庙不仅供奉蒋子文,明清时期还供奉冯端。数年前,冯氏第25世族人曾从东台市景范小区专程赶到兴化,前往垛田将军庙寻根,探访白马将军冯端遗迹。

明弘治初年,兴化知县熊瀚在游览"十里莲塘"时,不禁诵读起北宋理学家周敦颐《爱莲说》:"予独爱莲之出淤泥而不染,濯清涟而不妖,中通外直,不蔓不枝,香远益清,可远视而不可亵玩焉。"他赋诗一首,将"十里莲塘"景区比成越国美女西施生活的若耶溪:"湖水迂回十里强,绕湖尽是种莲塘。若耶只数溪边景,太华惟余井底香。亭馆夏凉饶宴赏,兰桡丽日靓新妆。当时独讶濂溪子,底事不为勾漏郎?"

明万历九年(1581年),兴化知县凌登瀛再将"十里莲塘"列入"昭阳十二景"中,同时赋诗一首:"我爱周夫子,结庐濂溪下。坐对君子花,晓来露盈把。冥心游太和,玄言手自写。尘世慕繁华,焉知此潇洒?悠悠昭阳滨,余亦同心者。"

两厢瓜圃

由兴化城外东门泊向东,沿车路河至得胜湖的南北两侧方圆30多平方公里范围,分布着大小不一、形状各异的垛田。由于垛田具有独特的地形地貌,便于排灌耕作,加之垛田菜农栽培经验丰富,这里盛产瓜果蔬菜,被誉为兴化及周边地区百姓的"果盘子"、"菜篮子"。

明弘治初年夏秋季节,在礼部会试中独占鳌头的"会元"、户部侍郎杨果回到家乡兴化,游览垛田风光,看到数以万计的垛圪上瓜果累累,顿时诗兴大发:

"东陵五色旧相传,九彩今看亚两川。雨后婆娑新蔓立,风前娜袅乱花翩。味甘朱火怀王母,色烂金缃忆傅玄。为爱纤绨承白玉,挂冠须筑邵平田。"于是,他将这里命名为"两厢瓜圃",并列入"昭阳十二景"之中。

明万历九年(1581年),兴化知县凌登瀛来到"三十六垛"、"七十二舍",察看瓜果蔬菜的种植情况。只见垛田长有笋瓜、黄瓜、丝瓜、冬瓜、菜瓜、梢瓜、瓠条,还有当粮食的南瓜、"撕皮烂"等,作水果的西瓜、香瓜、酥瓜、崩瓜、梨瓜……伫立垛上,望着瓜圃流金溢彩,蝴蝶、蜜蜂在飞舞着,闻着一阵阵瓜甜果香沁人心脾,听着各种昆虫欢快鸣唱,不由脱口吟诵:"种瓜青门外,蔓叶萋以绿。瓜熟食贫人,离离子相续。凯风自南来,冰盘荐寒玉。顷刻气候改,蟋蟀鸣声促。行矣无太康,邠诗有遗俗。"

据《重修兴化县志》(梁志)记载,"两厢瓜圃"景区内还盛产一种现已失传的曾经列为贡品的珍品瓜果——露果。清嘉庆六年(1801年),时任两淮都转运使的曾燠在扬州品尝到由兴化县教谕史炳(号恒斋)赠送的垛田露果,赞不绝口,遂作题为《谢史恒斋赠送兴化所产露果》的诗一首:"孤生材易遗,此物吾未知。乍叨故人惠,深感皇天慈。滨海生事薄,地穷天济之。甘露一以霖,雨足阙都弥……谁能盛露去?偏洒千杨枝。物物成善果,兆姓无夭疵。君吟蔓草诗,我蒙素餐讥。连朝得瑞雪,聊慰君所期。"

此外,垛田地区还种植各种陆生、水生果蔬,如菱角、河藕、慈姑、芋头、萝卜、辣椒、青葱、大蒜、生姜,促成兴化城和农村集镇以及垛田各大村庄"八鲜行"、青货行的创办,产生了"张学华"、"张元顺"、"吴大房"等老字号,从而形成了富有地方特色的蔬菜批发行业,垛田蔬菜的美名由此传至周边地区。

名士难解垛田缘

在漫长的历史长河中,许多名人雅士与垛田结下了不解之缘。

宋代,有岳飞及其部下王横子孙留迹于垛田。据《义乌历史》和《苏州杂志》介绍,原北宋东京留守宗泽的家将王横在抗击金兵时与张保同为岳飞麾下大将,故历史上有"马前张保,马后王横"之说。当投降派秦桧以"莫须有"的罪名加害岳飞时,王横在平江(今苏州)与冯忠、冯孝等争辩,遭到杀害。王横子孙逃往兴化垛田一个小洲上,命名为"王横子"(即今垛田王横村)。南宋时期,张荣、孟威、贾虎、郑握率义军在垛田得胜湖抗金;岳飞驻扎得胜湖畔,竖起抗金大旗;元代末年,反元英雄张士诚在得胜湖畔与元军激战。

明清时期,垛田地区也产生了一些历史名人。据扬州大学教授黄俶成先生在《郑板桥小传》(百花文艺出版社,1993)中介绍,兴化故老和郑氏后裔世代相传,说"扬州八怪"代表人物郑板桥于清康熙三十二年(1693年)十月二十五日子时出生在垛田下甸郑氏人家。郑板桥成年后,念念不忘下甸以及生活在下甸的族人。他在山东范县(今属河南)任知县时,寄俸银回家,嘱咐堂弟郑墨将银子向穷亲友"逐一散给",并且指出:"下甸一家,派虽远,亦是一脉,皆当有所分惠。"(《范县署中寄舍弟墨》)

据民国十三年(1924年)王化鲲纂修的《昭阳王氏族谱》、《琅琊王氏支谱》记载,明洪武初年,祖籍苏州的王国英(六一公)迁居高邮临泽,富甲一方。二世王世贤(七一公),以入赘任川镇巡检。三世王元卿(八一公),任姑苏五品武职,迁兴化。四世王礼(字仲铭),入兴化籍。后至第十二世,有一支迁居垛田王横村,清代产生邑中名师王月旦,四牌楼上悬有旌表王月旦的"琼林耆宿"匾额。近代,垛田王横又出了一位大德高僧果丰。

　　新中国成立以后,特别是改革开放以来,更有许多党政领导和文化名人在垛田留下足迹。原国务院总理李鹏、国务院秘书长罗干、国务院研究室主任兼发言人袁木、江苏省委书记沈达人、省长顾秀莲、陈焕友和著名学者费孝通等都曾到垛田,或视察工作,或调查研究。新华社原社长穆青先生惊叹垛田独特的文化景观,认为"垛田是21世纪的旅游胜地"。著名作家贾平凹专程考察兴化垛田,指出垛田是一块"风水宝地",大呼"不虚此行"。此外,老克、汪政、陆星儿、范小青、冯亦同、周伟、庞瑞垠、姜广平、姜琍敏、费振钟、梅汝恺、梅国云等众多作家为垛田撰写了若干美文。2011年,这些美文被邹祥龙先生主编的《水润兴化》收录。

　　上海的油菜专家张燕也与垛田有缘。张燕曾任上海市农业科学院副院长、上海市农委主任、亚非油菜作物研究网副主席,其油菜研究成果曾获1978年全国科学大会成果奖。她是明代首辅张居正的后裔,其母杨冠华曾在垛田湖西口小学任教(后移居香港),一些亲戚在垛田芦洲,家族墓地在垛田小戚。

垛田油菜花(吕厚民摄)

垛田人忘不了吕厚民先生。吕厚民是我国著名摄影家,曾经在中南海担任专职摄影师、毛泽东随行记者,为毛泽东、刘少奇、周恩来、朱德等党和国家领导人拍摄了大量珍贵的历史照片。"文革"中,吕厚民受到迫害下放兴化。其间,他发现了垛田奇观。根据他的要求,当地政府用毛竹搭起一座临时高台,吕厚民与王虹军、杨训仁等人一起,拍摄了垛田油菜花照片。这幅照片发表、获奖后,"养在深闺人未识"的壮观的垛田春色开始为世人所知。

第二辑 三十六垛

"三十六垛"留美名

"三十六垛上,茄儿和架豇",这句兴化城乡广为流传的民谚告诉人们,垛田地区盛产瓜果蔬菜。

兴化人习惯上把垛田地区统称为"三十六垛"。垛,是一种特殊的耕地形态,"那漂浮在水面上的一个个垛子,大小不一,形状各异,宛如一座座岛屿,茕茕孑立;恰似一堆堆麦垛,默默守望;就像一颗颗星星,熠熠生辉。"(刘春龙:《那垛,那人,那歌》)垛上,因不便储水而无法种植水稻一类的粮食作物,只能种蔬菜。垛田人自古以来就以种植蔬菜为生,所产蔬菜品种多,品质好,产量高。夏秋之际,大量的茄子、豇豆上市,人们在品其美味的时候,自然而然就会想到,这些都来自"垛上"。

历史上,垛田地区的行政区划和隶属关系变动频仍,名称繁杂。从1956年设立"垛田工作组",到1958年2月设立"垛田乡",开始形成现有建置区划。此后的1958年9月改为"垛田人民公社";1983年复称"垛田乡",辖44个行政村;2000年撤乡建镇,此前全市区划调整,沙垛、下旬两村划归昭阳镇;2002年行政村合并后,共有22个行政村。垛田镇现存的区划范围,基本包纳了兴化城东郊一带拥有垛田、以种植蔬菜为主的村庄。

垛田全境共有49个自然村庄。村庄的名称,以"垛"命名的居多,如张皮垛、何家垛、翟家垛、小徐垛、大徐垛等等。也有不少因湖荡或因水得名,如高家荡、杨家荡、绰口荡、湖西口、芦洲、凌沟。一些村庄如南腰、孔戴、小戚等,大概因为规模较小,故以"舍"为名。听上去比较亲切的,是几个带"子"的村庄,有王横子(现王横村)、西横子(原王西村,现属王横村)、长岸子(原长安村,现属孔长村)、朱家园子(原朱元村,现属南园村)。而以"庄"为名的,全镇仅有张家庄一家。

其实,垛田地区以"垛"为名的村庄也就是20来个。不过,"垛"也好,"舍"也罢,这里的耕地都是垛子,这里的庄稼都是蔬菜,这里的人都是种蔬菜的"垛上人"。中国人又偏爱"六六大顺"一类的数字,什么"三十六计"、"三十六房"、"三十六天罡",那就把这些与垛相关的村庄统称"三十六垛"吧。

三十六垛,就是垛田的别称,垛田的"乳名"。然而,三十六垛上,出产的蔬菜远不止"茄儿和架豇"。

鸟瞰垛田(王虹军 摄)

神奇垛田

花 园 垛

在兴化野行东面、垛田镇杨花村的西部,有一个小型自然村,叫花园垛,现有100多户人家,500多人口,村中居民以徐姓、潘姓为主。

为什么叫花园垛呢?当地的老人说,这里曾经是李春芳的私人花园。而据考证,历史上,这儿曾经建有"徐氏庄园"(另有一座在今西鲍鹅尚)。

明代永乐年间,出生于兴化的徐谧在京城做官,后升至工部员外郎。他不忘故土,在年老辞官后,选中了如今花园垛这片土地,建成了一座园林式的庄园。这确是一块"风水宝地",西近兴化城,南临东门泊,北枕青苔港,东有"两厢瓜圃"、"十里莲塘"的垛田风光,以及令人临风怀古、流连忘返的"胜湖秋月"。庄园内,建有多处楼台亭阁,栽有多种奇花异木,小沟小河曲折迂回,小桥假山散布其中。园的西北角有一"藕荡",于荡畔亭中可赏"映日荷花别样红"的美景。园的东北角是"天鹅荡",常有洁白的天鹅在水上浮游嬉戏。后来,徐谧收养了一只小天鹅,长大后这只天鹅便常驻庄园不再迁徙,成为与主人形影不离的忠实伴侣。徐谧在此去世后,天鹅竟不吃不喝"悒悒而毙"。

到了明宣德年间,官至顺天府(今北京市)同知的徐谧之孙徐大经,又对徐氏庄园进行了扩建改造,使之成为兴化东郊的一大景观,他还在庄园南端、东门泊之滨,建成一座高大巍峨的亭阁,并题名为"问鹅亭"。后来,兴化名士徐来复作了一篇《问鹅亭记》,盛赞徐氏庄园的壮观美景,并赋诗曰:

> 九曲湾溪处，孤亭有问鹅。
> 大都人客少，只是来云多。
> 野鸟冲青霭，游鱼趁碧波。
> 夕阳平野暮，时听采莲歌。

时过境迁，因徐家后代均在外谋事，园中长期无人居住管护，庄园便逐渐衰败颓废。周围村庄的人家纷纷移居来此，垦荒、垒垛，种植蔬菜，繁衍后代，最终形成"花园垛"。

与垛田其他村庄一样，这里的村民历来以种菜为生。不一样的是，这儿最靠城区，种植的蔬菜更加适合居民口味和市场需求，蔬菜品种更加丰富，茬口安排更加灵活，复种指数更高，而且都是自产自销、直接上市，土地的产出效益、村民的种植收入比其他村庄要高些。

花园垛的村民现在还经常提起退休女教师宋广秀。宋老师从20世纪70年代初来到花园当老师，一干就是30年，直到退休。30年间，宋老师以女性特有的爱心、细心和耐心，以及忠心耿耿、兢兢业业、心无旁骛的敬业精神，赢得了花园垛群众和学生的信赖与爱戴，也赢得了很高的荣誉。1989年，她被评为全国优秀教育工作者。

菜花深处桃花红（李松筠　摄）

大 徐 垛

大徐垛，是垛田镇杨花村的一个自然村，位于花园垛以东，南临车路河，与翟家垛隔河相望。名叫大徐垛，其实村子很小，现在只有几十户人家，200多人口。在大徐垛东北约2公里处还有一个"小徐垛"，按理说那儿村庄规模更小，恰恰相反，"小徐"要比"大徐"大些，没办法，大徐垛历史上有点名气呀。

明朝的时候，兴化出了个宰相叫李春芳，据老人说，李春芳就是大徐垛的女婿。

李春芳的夫人徐氏，出生在大徐垛一个穷苦人家，一家人以养猪为生。李春芳小时候家里也穷，父亲李镗在兴化东门外的一座庙旁搭个草棚，开了个豆腐店糊口度日。徐家养猪，经常到李家来买豆渣喂猪。时间一长，双方父亲交起了朋友，后来又谈起"做亲家"，不久就订了婚。就在订婚的第三天，徐氏跟着父亲上李家弄豆渣，船刚进车路河，天上就飞来一只天鹅，对准徐氏的头顶拉下一摊鸟屎。徐氏连忙将头揿在河水中清洗，鸟粪洗掉了，原先满头的"鸡屎癞"也洗掉了，还洗出满头的秀发来，这姑娘性格也由以前的少言寡语变得有说有笑。后来有人说，李春芳是文曲星，而徐氏是个"凤凰星"。为了纪念这个非凡的女儿，大徐垛人就把庄前大河里的一个小荒滩叫做"凤凰墩"。到了良辰吉日，李春芳来到徐家迎娶新娘那天，庄上失火，人们急忙赶去救火。李春芳也跟了过去，看见是天上的火君神在煽风点火，很是气愤，便上前责问，火君神连忙将火熄了。而且，大徐垛从此"凡火不接天火"，即使哪一家不慎失火，也不会殃及第二家，连附近的花园垛，小凌沟也沾了光。李春芳考中状元，在京城做了宰相之后,有一年回大徐垛省亲,庄上人专门在庄前用一根条石立了"拴马桩"。据说,这拴马桩还在一户人家收藏着。

始建于明代、被称为"水上名刹"的上方寺,是在乌巾荡被填后,于20世纪90年代重建的,它的原址就在大徐垛。

据老人回忆,当初的上方寺,就在大徐垛的东面。该寺庙规模宏大,占地有十几亩,四周建有高高的围墙,院内有三排共十多进庙舍,号称99间。这些庙舍殿堂一色小砖青瓦,飞檐翘角,气势宏伟,令人敬畏。庙舍的四周,有回廊相连,从大门进去,顺着回廊,可以走到每一进殿室。寺内长有几棵杨树、桑树和柏树,高大挺拔,最大的树干要两人合抱才能抱住,还立有多个石碑、石塔、石人、石马。那时,寺中有不少僧人,每逢经日或道场,就有远近寺庙的众多和尚前来念佛诵经,敬香拜佛的善男信女络绎不绝。

上方寺是一座名寺,为佛教禅宗(临济)磬山派传承,祖庭是浙江天目山报恩寺。清雍正十一年(1733年),住持弘量奉诏入京。雍正皇帝封其为禅师,主持京师万寿寺,七赐紫衣钵具及绿松如意,并御书"源流","打破重关"额。乾隆皇帝在登基前作诗赠弘量:"竹篱茅舍趁溪斜,春入山村处处花。无象太平还有象,孤烟起处是人家。"又题联:"此处有茂林修竹,何时无明月清风?"后来,弘量法徒合浦将乾隆皇帝坐过的龙禅床及御赐之物携回上方寺。"御赐方竹、枯枝牡丹、磬口蜡梅为上方寺镇寺之宝。枯枝牡丹每当阳春花发,绰约临风,艳丽夺目。邑人多荡小舟往观,煮茗分食,传为韵事"。

1941年2月,驻守大徐垛的韩德勤所率部队117师702团张孟飞部拆除上方寺偏殿,构造防御工事抵御日军,因寡不敌众而败退。日伪军占领兴化后不久,就来到大徐垛,赶走和尚,拆除庙宇,拆了好几天。有些梁柱很牢,人拉不动,日本兵就用一条大缆绳,一头系在房梁上,一头系在河边铁板船上,而后铁板船开足马力,把那些大梁木柱拖了下来,再把这些砖头、木料运去修筑碉堡炮台。新中国成立后,组建农业合作社的时候,上方寺的废墟被分给老百姓复垦种植。"人民公社"时期,这里曾经建起"万头猪场"。如今,在上方寺的旧址上,已经建起一座座村民住宅。在大街小巷、河边码头,仍可看到许多已经破损的石础、石板、莲花石座,这些都是当年上方寺的遗物。

值得一提的是，张孟飞部在拆除上方寺部分殿宇时，从地基中发现了一方上镌款署"大明洪武年刘基"字样的诗碑。据兴化城老人仇言顺介绍，当时有好事者将诗碑拓下，制成若干拓片，散发给兴化城一些店家。诗歌内容类似在民间盛传的刘伯温《烧饼歌》，属于一种预言诗。其中有"蛤蟆遍地走，蝴蝶满天飞……不仁人杀尽，天下太平"云云。当时，有人认为"蛤蟆"是指坦克，"蝴蝶"是指飞机，说明战祸频仍，民不聊生。明初诗碑为何出现在崇祯年间创建的上方寺地基中？至今是个不解之谜。

垛间牧鸭图（许才清　摄）

何　家　垛

何家垛就是原来的何垛村，现在跟北凡合并组成"新联合村"。从1958年到1993年，这里是垛田乡政府所在地。

何家垛现有300多户人家，近2 000人口。过去，村里河沟纵横，被分割成诸多片块，人们依姓族居，有"高家迎面"、"沙家鬏（洲）子"、"仲家洼子"、"浦家河东"、"毛家湾子"等等。奇怪的是，如今的何家垛竟没有一家姓何，是何原因？这里有个传说。

此地本叫何梅垛。《中华人民共和国地名词典》（江苏卷）记载："何家垛：垛田乡……据传始于南宋，原名何梅垛，以何、梅二姓居此得名。后更今名。"相传在宋末元初，有一位姓徐的宋将被元军捕获后斩杀，其妻带着两个儿子从江南逃到何梅垛，改姓何氏，弟兄俩一个叫何大，一个叫何二。徐妻会武功，平时垦荒种菜，早晚给儿子教习武艺。长大后，两弟兄练就了一身功夫。后来有一天，在田里干活的弟兄俩看见村西大河来了一条气势非凡的官船，他们判断船上肯定是元朝的一位大官，两人商量，决定杀死此官为父报仇。何大飞起鱼叉戳死官员，何二则以岸上泥团为器将船上兵卒悉数消灭。徐妻见闯了大祸，随即带着两弟兄再度逃难而去。村上人知道大难临头，纷纷远走他乡。待官兵前来"洗庄"（指杀人灭族）时，村庄已经空无一人。到了明朝初期，从苏州阊门来的一些移民在何梅垛安家落户，并把村名改称"何家垛"，但村里并无何姓人家，少数后来回迁的何姓村民，也都改姓为"韩"。

何家垛，曾有过"三步两座桥"和"两步三座庙"的景致。当年在村中心呈十字形交叉的两条夹河上,建有两座木桥,成直角相依相邻,就像江南周庄的双桥,只要走三步,可跨两桥。从双桥向南不远,有座东南坐向的庙宇,庙门旁挨肩错角又建有"祖师"、"蚂蚱"两座"袖珍"小庙。相距不过两三步的直线距离内,有着大小三座庙,这在其他地方较为少见。

过去,人称何家垛有"三十六把茶壶,七十二件大褂子",是说捧茶壶、穿长衫的人多,这些人都是"行老板"。当时,这里的船行、八鲜行、靛行、草行沿着夹河两侧一字排开,很是繁华,其中尤以船行最多,号称里下河地区的船舶交易中心。1950年以后,这些行业逐渐衰败、消失。除了开行,还有不少人把自家小木船改装成客船,往来于何家垛到兴化东门及周边村庄之间接送客人。这种小帮船一直延续到上世纪90年代。

何家垛有两句民间俗语,在垛田乃至兴化地区较为流行:"仲仕怀当支书——从家里尊重起";"家住何家垛,女将撑船男将坐"。

已故的仲仕怀在上世纪50年代当过支部书记。有一次,他父亲到村部找他,喊了他小名,他很不开心,回去以后,就跟父亲发火:我现在当了支书,还在人头眼众面前喊我小名,不行,要人家尊重我,就要从家里尊重起。这话很快被当做笑料流传开来。使用频率最高是在酒局饭桌上,有人常会来一句"仲仕怀当支书,从家里尊重起"作为敬酒之词。

何家垛人同别的垛田菜农一样,干活要上垛,上垛要坐船。与众不同的是,撑船的通常是妇女,男人坐于船上。于是,外庄人就说"家住何家垛,女将撑船男将坐",多有嘲讽何家垛男人懒惰的意味。其实,何家垛的男男女女都很勤劳。1967年开办的垛田第一家脱水厂就在何家垛,不少何垛人成为厂里的骨干,江苏省劳动模范、脱水厂厂长毛正芳就是他们当中的优秀代表。

何家垛人不仅勤于劳作、善于经营,而且崇儒尚文。

村里的高姓始祖高古安系明代"五朝元老"、内阁大学士高谷后裔,此后五代均"官封爵位",第八代出了高岭、高朗两位秀才。

现年70多岁的李箴是"状元宰相"李春芳第14代孙。其父李明达,年少时于民国年间随母从兴化城迁居到此,能写会算,人称"二先生"。其兄李筠早年在南京求学,中学毕业经亲戚介绍去了青岛一家国民党军工厂做工,最后成为厂里的军需官,后来又将老三李笆带到厂里。国民党从大陆撤退时,弟兄俩随厂搬迁到了台湾。他们身居台北,心牵故土,李笆55岁退休时曾想方设法转道日本,冒着风险偷偷回家乡何家垛探亲。

张姓人家大约100多年前从安丰黄庄迁居何家垛,据说他们的先人中有位叫张荣楠的曾经是乾隆年间的进士,官至主管钱粮的道台并诰封二品,族人至今保留着"官三民四"、农历腊月二十三"送灶"的习俗。张氏族人张学俊人称"张先生",曾在1949年前后当过私塾先生,虽一生落魄,却喜舞文弄墨,何家垛很多墙上留下他写的标语口号,还有他自编的、文白掺杂的"诗文偶句"。

沙氏家族则流传着这样一段美谈:八世祖沙明金是位穷秀才,一边设馆教书,一边参加乡试,逢场必考,屡试不中,自嘲"徒中师不中,时通运不通"。考到60多岁,终于"感动上帝",被授予"恩赐举人",享受到"三石六斗米"的俸禄。

前人多执著,后辈亦勤奋,当今后生每年都有人考取大学,出了几位研究

2010年7月,刚被清华大学录取的高俊培(中)、戎瑶(右)踏访金东门老街(邹道海 摄)

生。高辉当年以优异成绩被保送南开大学,2007年本科毕业时被美国印第安纳州普渡大学录取,并获得全额奖学金,现在该校攻读数学博士学位。2010年,就读于扬州中学的高俊培以420分的成绩成为扬州市高考理科状元,被清华大学土木系录取。他和芦洲的戎瑶双双成为垛田的首批清华学子。

张 皮 垛

兴化地区流传着一首民歌,叫《张皮垛哭青菜》。

张皮垛就是现在的张皮村,位于垛田西南部。一条古老的大河,从东南方向的姜堰蜿蜒而来,穿过张皮村,再打两个折弯,向北面的何家垛流去。这流淌不息的兴姜河水,见证了张皮人旧社会的苦难。

"提起青菜真悲伤,好伤心儿喽,起早带晚把垛上,浇水浇粪日夜忙,我的个亲娘呃"。

"谁想到孬中央(指国民党中央军),害人精儿喽,日编保甲夜站岗,一步不准下田庄,急煞人儿喽"。

"恨人不恨旁一个,孬中央儿喽,还乡团领路来相帮,弄得我家破人又亡,杀千刀儿喽"。

歌词控诉了解放战争年代,国民党军队和地方还乡团欺压百姓、鱼肉乡里,使广大菜农难以生存的罪状。这首歌的曲调凄婉悲凉,唱的人唱中带哭,吟中有嚎,如泣如诉,声泪俱下,直叫人鼻子发酸。

《张皮垛哭青菜》的作者,是张松发。

张松发出生在张皮垛一个普通农民家庭。他在20岁的时候,因不堪伪保长、伪警察的纠缠、欺压和勒索,毅然投奔了共产党领导的抗日武装,参加了当时的临城区游击连,走上抗日道路。1945年9月,加入了中国共产党,后担任临城乡乡长、临城区武装干部。不久,国共合作破裂,全面内战爆发。1946年10月29日,县机关和主力部队撤出兴化城,第二天国民党军队和还乡团占领兴化。张松发灵活执行上级指示，抢运粮草，筹集船只和武器弹药，把民兵队伍集中起来，隐蔽游击。11月8日，区乡干部和战士在北刘舍遭敌人袭击，他和部分同志突围脱险，转移到兴化东北部地区，跟其他队伍会合打游击。

为了发动群众，教育战士，党组织在革命根据地开展了忆苦思甜的阶级教育活动。张松发根据自己的切身体会，编出了"哭青菜"的唱词，又与其他同志一起，移植了民间小调"小小娘"的曲子，编创了《张皮垛哭青菜》这首民歌。他一面亲自演唱，一面教战士、老百姓唱，发挥了很好的宣传教育作用。

流淌不息的兴姜河，见证了老一辈革命者为寻求翻身解放所付出的代价，也见证着张皮人用双手创造美好生活的历程。

《兴化市志》载有这样一段文字："1959年6月30日，新华社发出专讯，报道兴化垛田张皮大队348.88亩油菜平均亩产油菜籽159.5公斤，比去年增产

菜花黄时生产忙（王虹军 摄）

29%。"张皮人为垛田、为兴化争了光,张皮人的业绩载入了史册。

张皮人较早地发展了村办工业,先后办起砖瓦厂、脱水厂。如今,张皮村农、副、工全面发展,2011年社会总产值达到2 000多万元,农民年人均收入达到8 000元以上。张皮人还在1990年建起了垛田第一座安息堂,实行了骨灰盒的集中室内安放。

如今的张皮村,大街小巷全部实现硬质化,不少村民建起了别墅式的楼房。过去这里交通闭塞,无船不能行,现在,北有张北路连接高兴东公路,南有连接231省道的接线路,群众出行很方便。

2010年春天,我们曾经寻访了当年《张皮垛哭青菜》唱得最好的张皮村村民张开文。当时,他已80多岁,卧病在床,用沙哑的喉咙只唱了几段,便唱得老泪纵横,哽咽断续。

张皮垛"哭青菜",早已成为历史。张皮人当然不会忘记历史,更不会忘记那些为改变历史作出贡献的人。

翟 家 垛

兴化城外，东南之隅，上官河与车路河的交汇之处，有一片浩渺开阔的水面，人称"东门泊"。翟家垛，就在车路河南岸，隔着东门泊与兴化城相望，现在多数人都叫它"翟家"，属于垛田镇区范围，2001年与凌沟合并为凌翟村。

过去，人说翟家垛有两怪：小小庙门朝北开，家家户户卖"叽菜"（一种用小青菜制作的酸菜）。

庄上有庙并不奇怪。然而，一般的庙都建在村庄的南面，庙门朝南，翟家垛的庙却在村北车路河畔，庙门朝北，所供菩萨面北背南。此庙四间两进两厢房，正门上方悬挂匾额一块，上书"光照北斗"四个大字，庙门两侧有楹联，上联为"佛对佛面"，下联为"龙栖龙滩"。原来，翟家垛的北面正对着车路河里的一个叫着"凤凰墩子"的小荒滩，庙门北向与其相对取"龙凤呈祥"之意；凤凰墩子以北的大徐垛上便是赫赫有名的上方寺，此庙与其迎面而座，正是"佛对佛面"。

过去，翟家垛很穷，大多数人家住的是低矮窄小的茅草房。"丁头府（一种南北向的小草房），泥锅厢（一种用草泥做成的简易锅灶），到了夏天没蚊帐，到了过年'跑年账'（指乞讨）"。春末夏初时节，人们总是到垛上拔些"雨菜"（油菜籽收获时掉落地上，自然生长的小青菜），制作成叽菜，挑到城里卖点钱养家糊口。

新中国成立后，翟家人"耕者有其田"，生活渐渐好起来。从20世纪70年代起，村上先后办起塑料加工厂、锅炉配件厂、日用化学品厂、铜字厂、汽车修配厂,集体经济不断壮大,村民收入不断增加。1979年,在地方政府的指导帮助下,翟家人开始了改天换地的大手笔。他们将全村200多亩大大小小的垛圩农田,按照统一的高度、相近的面积以及一致的河沟宽度,重新开挖成每块约20亩的方块垛田,实现了耕地方整化、浇灌电气化,形成了整齐划一的新垛田。紧接着,他们将零落分散、高低不一的老庄基全部填平整方,形成近60亩的长方形庄基,统一规划安排,统一式样尺寸,先拆后建,重建村民住房。每个拆建改造的农户,由县里提供建材计划,集体给予资金补贴。上下努力,历时三年,全村完成了重建工程,翟家垛以全新的面貌出现在人们的面前。

1986年,兴东公路建成通车,翟家垛成为垛田首批临公路、通汽车的村庄之一。1993年,垛田乡政府迁址,这里成为乡政府所在地。从1997年起,垛田实施集镇建设,翟家垛又成了主镇区。依托区位优势和东郊砂石市场,翟家的商业、服务业迅速发展。截至目前,全村共有百多户农家从事第三产业,村民人均年收入达9 000多元。

走进今日翟家垛你会看到,10米宽的中心大道贯穿南北,两侧的花木错落有致,小街巷道井然有序。走进农家宅院,不少人家都种着花卉、摆着盆景。室内宽敞明亮,窗明几净,不少人家都翻建了别墅式楼房,家用电器一应俱全,一些人还开起了小轿车,人们尽情享受着现代化的乡村生活。翟家垛先后获得"兴化市文明村"、"扬州市文明村"、"江苏省文明村"、"全面小康示范村"等荣誉称号。

如果说"叽菜"是旧时代翟家垛的知名产品,那么,花木栽培则是新时期翟家垛的又一项特色产业。

翟家人种植花木已有70多年的历史。

1931年,兴化遭受了特大洪涝灾害,有一位在兴化东门"杨家大院"专职种花叫阮春贵的人,将杨家花园的花木移栽到了翟家垛的一个高垛子上,这些花木便在翟家垛的土地上生了根、开了花。后来,村民翟永安、翟殿忠等人跟着这位师傅学习种花,栽培花木这门技艺便在这儿流传下来。

20世纪60年代,为了发展副业生产,翟家在第二生产队恢复了花木种植。耕地方整化以后,他们专门划出70亩土地,建起了"翟家花木场",拉起了一支花木生产、销售队伍,翟家成为兴化地区首家花木生产基地。住上新房,有了大天井的村民也纷纷搞起花木栽植,一时间,翟家垛上花香四溢,花木之村名声远播,城里人、远近乡镇的人都慕名前来选购花卉草木。

如今的翟家花木场,遍地苗木茂盛,四季鲜花不绝,盆景千姿百态。这些花木除了供应本市,还远销省内省外。村里还有5户人家专门从事花木栽培与销售。今年80多岁的翟殿忠是位经验丰富的老花农,他的花木品种多,茬口密度大,市场适应性强。别看他的花园只有几分地,每年卖出去的花木有几千盆。翟永祥的小花园里另有一番景象,栽培的多是五针松、罗汉松、雀舌黄杨等盆景花木,还有珍稀品种的月季。他家有一特大五针松盆景,已有60多年树龄。全株三片三层,株高、片宽均约1米,展开长度2.35米,顶片长度1.4米,长得郁郁葱葱,遒劲有力,那姿态如祥云盖顶,似利斧横空。该盆景于2006年参加泰州市首届盆景艺术展览,获得大奖。

翟家人用勤劳的双手培育出多姿多彩的花木,花木则把翟家垛装点得越发清秀靓丽。

翟家垛新貌(李松筠 摄)

刁 姚 垛

刁姚垛，人称"刁姚"，垛田镇得胜村的一个自然村庄。这村庄周边环境真好：南临车路河，东濒得胜湖。当初，隔着车路河，对面就是芦荻深深、曾经竖立过岳家军大旗的旗杆荡。

别看刁姚垛规模不大，名气不响，这里的居民却很有历史自豪感。他们说，这儿原本叫做"三里姚"，是因为离"德州城"3华里而得名。德州城，据说是一个很大的城市，后来在一场大地震中沉陷，成为湖水碧碧、芦滩青青、沙鸥点点的得胜湖。"德州城"之说，所有兴化史志资料都无从查找，但刁姚村民深信不疑，他们始终认为，三里姚与德州城同代，历史可长哩。

三里姚，为何又变为"刁姚"呢？老人们说，德州城陷落成湖后，当时有个姓刁的提议：德州城没了，别叫三里姚了，改叫"刁姚"吧。其实当时村里人姓姚的最多，但他年龄最大，又是庄上一霸，只能由他说了算。无奈刁氏家族香火不盛，后代难续，村子里早就没了刁姓人家，而"刁姚"还是被人叫开了。

今日刁姚，除了姓姚的，还有王、许、郁、鲍、林等姓氏子民。其中，姓鲍的与姓林的是同宗同族，人称"鲍林一姓"。据鲍林族谱记载，鲍林氏族源于福建行省兴化府（今福建省莆田市）。明洪武初年，曾任职元大都的鲍林后裔自苏州迁至兴化城北土桥，并改地名为"西鲍庄"。

鲍林家族怎么会来到垛田刁姚的呢？据现年73岁的鲍玉贵老人介绍，其祖父鲍仁华早亡，因祖母的娘家在刁姚，后经人撮合，祖母带着林发珍、林发德二子,于 1900 年前后改嫁到刁姚,林发珍即鲍玉贵之父。现在,他们的后代均已姓林而不再姓鲍了。

刁姚庄上有"怪塘"。怪塘,也叫"姚家塘",位于村东,面积不大,200 平方米左右,看上去是个很常见的水面。怪在哪里?原来,这水塘很深,一篙子够不着底,无论怎么干旱,这里总是绿水充盈。民国十八年兴化大干荒,车路河干涸见底、搭台唱戏、走人行车,怪塘里还是有水,人们都到这儿挑水洗菜。有人说,原来这是德州城的名胜景观"三里泉"。现如今,"怪塘"还在,虽面积缩小,但一汪河水还是那么深、那么清。

刁姚庄上还有过"坛子精"呢。坛子精为何物?谁也说不清,因为这东西只闻其声,不见其形。在每天的早晨和傍晚,总能听到一阵"嗡——嗡——嗡——"的叫声,低沉、缥缈,但很清晰。明明是在村东的声音,你走过去找,这声音又到了南面,追到南面,它又在西边发出响声,你根本看不见、摸不着。因为这声音很像从一种陶制器皿"坛子"里发出的声音,所以人们就把它叫做"坛子精"。这坛子精其实是件宝物,护佑着刁姚百姓六畜兴旺、五谷丰登。后来,日本兵来了,设法将坛子精收走了,从此再也听不到那嗡嗡嗡的叫声,刁姚人经历了多年的兵荒马乱、民不聊生。

刁姚人还说,他们庄上有过一座大庙,庙里有和尚。这算不上什么稀奇事。不过,这大庙的院子里有一棵高大的黄杨树,这树从小由和尚依照宝塔形状精心修整,远远望去就像一座宝塔。这庙、这树,竟然也是毁于日本侵略者之手。

有庙就有庙会。刁姚的庙会叫"三官会",每年举办三次,分别是农历的正月十五、六月十五、腊月十五。当初的庙会很是热闹,舞龙、唱戏、迎菩萨。日本军来了之后,庙会偃旗息鼓,再也没有恢复。倒是舞龙的传统一直流传至今,每年春节,龙队都要在村里的大街小巷转上一圈,表演一番,给人们带去节日的欢乐。20 世纪 90 年代,这里恢复了"太平戏",每年夏天请来戏班子,搭起台子唱上几天大戏。

平平常常的刁姚人,过着平平常常的生活,垛上种蔬菜,湖里捉鱼虾,但这生活过得充实而快乐。今天的刁姚,又迎来了一次新的机遇,这里将建成总面积400亩的"得胜湖港口物流园区",为全市纸板、玻璃、建材、石材、农资、农副产品等大宗物资提供装卸、加工、仓储及物流服务。蓝图已经绘就,笔直宽阔的"疏港大道"已经建成。刁姚垛,即将投入现代服务业的怀抱。

春水鱼鹰(杨天民 摄)

王 横 子

王横子，就是王横村，位于垛田东北角，现有村民1 285户，4 441口人，是垛田镇第二大村。王横子的西面有个小村叫王西村，人称"西横子"，王横子也称"东横子"，现在两村已经合并。

"王横子"这个庄名，很有来头。

中国人都知道，宋代出了个民族英雄岳飞，岳飞手下有两员大将——"马前张保，马后王横"。王横武功过人，侠肝义胆，正气爱国，被岳飞收于麾下之后，骁勇善战，屡建战功。宋高宗委曲求和后，以"莫须有"的罪名捕岳飞入狱，王横不久被害。为避株连，与王横患难之交的张保闻讯后随即带着王横的子女家人北上逃亡，来到他们驻扎过的旗杆荡以北的得胜湖，在湖北一块绿洲上隐居起来。张、王两家在此围猎捕鱼、垦荒造地、栽种粮菜、烧盐运盐，并相互通婚、繁衍后代，逐渐形成村落。到了宋理宗景定年间，岳飞平反昭雪，王横亦被追封为"虎衔将军"和"平江驿土地"，人们才知道这儿居住着王横的子孙，便将这个村庄叫做"王横子"。

在融入社会大家庭之后的各个历史时期，王横这块土地上涌现出不少知名人士。

清代的王月旦，其祖籍亦为王横。这位"丰神潇洒，议论飚发"的名师教谕，于嘉庆六年被钦赐举人，次年又被钦赐翰林院检讨，专任纂修国史之职，潜心编史，被尊称为"太史公"。为颂扬这位邑人的功德，兴化地方官绅在城中修建太史第，并立"琼林耆宿"匾额一块悬于四牌楼上。继王月旦之后，其曾孙王学易又于咸丰八年（1853年）考中举人，任徐州府学教授达16年之久。

革命战争年代，王横有一批又一批的热血男儿投身人民的解放事业，不少人献出了宝贵生命。王正门于1945年参加革命，不久便加入中国共产党，成为民主革命政权的湖东乡乡长，在极其艰险的情况下坚持原地打游击，于1947年牺牲在林湖朱胖。新中国成立以来，王横村不少有志青年走出王横，投身到更为广阔的天地。普通农家子弟张杰通过自己的刻苦努力考取高等学校，现已成为江苏省中日友好会馆常务副总裁。王一浪从警官学校毕业后，在工作实践中不断锻炼成长，现在江苏省公安厅外籍办事处担任处长。王横还出了个知名的宗教人士，叫果丰大和尚。果丰俗名王振庭，1917年10月出生，2006年2月14日圆寂。他从小出家修行，一心皈依佛门，广结世间善缘，曾任苏州寒山寺住持、兴化宝严古寺方丈、兴化市佛教协会代理会长、兴化市政协委员。

王横人对兴办工业有着强烈的探索意识和抢位意识，争得了四个"垛田第一"：1960年，他们办起了碾米厂和饲料加工厂，成为垛田第一个拥有"队办工业"的村庄；1987年，他们筹资35万元，办起了垛田第一家村办脱水厂"王横脱水蔬菜厂"；1993年，王笙庭和王一龙共同投资，办起了垛田第一家私营企业"长安脱水蔬菜厂"；紧接着，在白涂河北岸、兴盐公路南侧划出80亩土地，创办起垛田第一家私营工业园区。经过10多年的发展，王横私营工业园区的总面积已经扩大到200亩，共有注册企业37家，小工厂11家，炕道80多条，烘箱500多个，年创产值4.5亿元，上缴国家税收2 460万元，成为苏中地区最大的蔬菜脱水加工基地、脱水蔬菜集散地，产品远销韩国、日本、东南亚及欧美地区。

王横人在发展特色经济、勤劳致富奔小康的道路上走在了全垛田的前面，不仅如此，他们在精神文明建设方面也能独树一帜。

2007年，王一兆、徐义国等人利用业余时间，开始了《王横村史》的编写工作。他们在党支部、村委会、老干部以及全村各界人士的支持帮助下，调查走访，搜集材料，座谈听证，历经两年时间，完成了编写，通过了审定，2010年出版成书。《王横村史》共有17章，约18万字。全书史料翔实，数据准确，体例完

王横蔬菜脱水加工集中区一角(李松筠 摄)

整,全方位、有系统地介绍了王横。村史的编写问世,为全体王横人留下一笔宝贵的精神财富。

湖 西 口

湖西口,位于得胜湖的西北角。得胜湖东边,与湖西口遥遥相望的,便是属于林湖乡的湖东口。"东口"与"西口",相距9公里,足见得胜湖面积之大。

此村离兴化城7华里。一条从上官河款款而来、向得胜湖缓缓流去的"进城河"(也叫"澄河""澄子河"),将村庄分成南北两大块。两岸如今居住着800多户人家,3 000多人口。这是个有垛有田、有湖有水的鱼米之乡。耕地中,有1 000多亩种植蔬菜的垛圲、近千亩可种粮食的大田,还有2 000多亩的湖荡草田。世世代代的湖西口人,忙时种菜长粮食,闲时下湖捕鱼摸虾捉螃蟹,冬季割来湖草芦苇做草席、编芦帘。20世纪80年代,村里办起了砖瓦厂,开垦得胜湖,办起了2 000来亩的"兴化市第十水产养殖场",农业、工业、渔业三业并进,老百姓的日子充实、恬静、滋润。

湖西口村庄形成的时间已经无从考证。然而,一个小小的地块"耿家垛"却使这儿具有了独特魅力。耿家垛,湖西口村西南方的一片土地,有垛,有田,还有坟地,地表散落着很多的陶片、瓦片和砖块,曾经有人挖到过砖街、水井、瓷瓶、铜钱与铜镜,水下摸到过大陶缸。2009年6月,江苏省考古研究所所长、考古专家张敏来到耿家垛,查看了这里的地形地貌和散落地面的陶瓦碎片,研究了土层截面,并走访了当地群众。他从陶片上面的"麻布纹"认定,属于典型的战国时期的陶片,从断面土层分析,下面的黄土层属于战国时期的土壤层,黄土上面的黑土层属于汉代土壤层。他经过综合分析认为,在汉代,一般百姓的房屋均为茅草房,只有官府、庙堂才能盖瓦;普通乡村民居不会有砖街,只有市埠才会有。据此推断,这里应该是春秋战国至汉代兴化地区的行政中心,也就是早期的"县城",距今约2000多年。至于"县城"为什么会被遗弃而西迁,他说历史上这样的情况并不奇怪,更何况这里距离现在的县城只有3公里。此后,"耿家垛遗址"被公布为兴化市文物保护单位。

同时被列为兴化市文物保护单位的,还有村里的一组建筑。这组前后5进、面阔3间、临街而建的老式瓦房,是沈云楼烈士故居。

沈云楼出生于湖西口,后在兴化城开元小学读书,1929年入南京晓庄师范读中学,不久就加入了地下党组织,在白色恐怖中,参与集会,散发传单,慷慨演讲,秘密传达上级党组织的重要指示,设法营救被捕人员。1930年8月10日,中共南京市委遭敌破坏,沈云楼身份暴露,当日被捕。严刑拷打下,沈云楼毫不屈服,严守了党的秘密,8天后在雨花台英勇就义,牺牲时年仅17周岁。沈云楼是兴化人在外地最早加入中国共产党组织的党员,也是牺牲最早的烈士之一,是垛田革命第一人。南京雨花台烈士陵园陈列有沈云楼的遗像和生前所写的生活日记一卷;兴化烈士陵园内的英烈陈列墙上,沈云楼的遗像列在首位,陵园外的千秋广场立有他的半身铜像。

远眺湖西口(李松筠 摄)

高 家 荡

高家荡是垛田镇最东边的一个村庄,全村现有 920 户农家,3 500 人口。这里本来有很多的湖荡草地,又因村庄始祖是高姓人家,故名"高家荡"。如今村里居住着高、王、张、邹、杨等姓氏子民。

早年的高家荡分为东西两部分,中间隔着一条河,河上建有一座桥,为东西村民往来的主要通道。此桥全由青砖堆砌,单拱,拱跨约 3 米,桥长约 6 米,宽约 2 米。据当地的老人介绍,这座砖桥大约已有 200 多年的历史,20 世纪 50 年代初进行过最后一次大修。而今,河已干,桥犹存,桥拱则完好无损,可见当初的建桥工艺很是了得。

最让高家荡人骄傲的,是他们会舞高跷龙。高跷龙,就是踩着高跷舞龙。这一古老的民间舞蹈,在苏北地区仅见于高家荡。

高跷龙,是当地庙会催生的产物。高家荡庙会创办于清朝嘉庆年间,每年举行一次,会期两天,农历五月初四迎瘟神,五月初五迎都天。庙会创办初期,有舞龙灯、踩高跷等常见的表演形式。为了提高观赏性,增强吸引力,张鹤俊等人经过借鉴、移植、揣摩、练习,终于形成"高跷龙"这一独特的艺术形式,并于宣统年间组建成第一支高跷龙队。后来,张安方、张金方弟兄继承父业,与吴兆喜、王兆奎、孙凯祥等人一起,成为高家荡高跷龙的第二代传人。60 年代,庙会被禁,高跷龙亦停止活动。1994 年,高家荡庙会恢复举办,张凤山、杨家明、史正标等人成为新一代高跷龙表演艺人。高跷龙的动作套路与龙灯舞相比简化许多,但因在高跷上舞龙,新颖、刺激,很受人们的欢迎。现在,高家荡高跷龙已被列入泰州市非物质文化遗产保护名录。

　　高家荡村民与垛田其他村庄的村民一样,开荒、种菜、捕鱼,用勤劳的双手创造生活、建设家园,代代相传,生生不息。1991年那场洪涝灾害之后,很多人走出乡村,奔赴上海、苏州等地,办企业、搞经营,不少人成为"先富起来"的经济能人,成为大城市的"新市民",杨兴红、杨兴权兄弟就是他们的代表人物。这些"老板"在"掘得第一桶金"之后,纷纷回到家乡修建房屋,一座座别墅式的新楼房成为高家荡一道亮丽的风景。

　　外出的搞得红火,在家的怎甘落后?从1996年以来,村里先后办起了5家蔬菜脱水加工厂。其中,由王正香创办、有职工200多人的康宏公司,采取一手加工、一手经营的模式,年产值达千万元。李桂益在20年前办起了养鸡场,目前存栏5万只,年创收入100多万元。周建红、王庆丰等人承包全村3000多亩的水面从事水产养殖,每年向村集体上交承包款40多万元。

　　高家荡,本有荡,湖荡就是鱼虾蟹鳖的天堂。靠山吃山靠水吃水,于是,这里产生了"水陆两栖"村民——老鸦帮。老鸦,也叫鱼鹰,学名鸬鹚,喙尖长有弯钩,善于潜水捉鱼。老鸦捕鱼一般在秋冬季节,其他时间,"老鸦帮"们便在家种田、饲养老鸦,所以称他们"两栖人",老百姓俗称"放老鸦的"。高家荡的

极目高家荡(杨天民 摄)

老鸦帮何时起源？他们也说不清。"两栖人"周建宝介绍，他们祖先就是放老鸦，一直传承到现在。除了周家，村里还有杨姓人家也放老鸦，鼎盛时期，全村有30多户人家、30多条老鸦船，兴化全市境内，就数这儿最多了。然而，进入90年代之后，湖荡河沟等水面纷纷发包给村民，老鸦帮自由放逐捕鱼的天地日渐萎缩直至完全丧失，好多"两栖人"被迫改行了。目前，全村只剩下7户人家还在坚持，共约150只老鸦。虽然他们还是"两栖人"，虽然他们还是在秋冬季节放鸦捕鱼，但是，他们必须跟水面承包户合作，或按一定比例分鱼，或缴纳一定的钱款。他们现在还有一个创收项目，就是孵化幼雏。每年春天，他们将雌性老鸦生下的蛋，让要孵化小鸡的老母鸡的"抱鸡"在窝里孵化出小老鸦，除去自己留几只，其余卖给别人。老鸦蛋孵幼雏，说起来简单，其实并不容易，当中有很多的诀窍，其他地方的养鸦人不得要领，望而却步，想要老鸦幼雏，只有到高家荡来买。每年前来买小老鸦的，除了兴化的、江苏的，还有江西、安徽、山东等地的。孵化小老鸦，算得上高家荡养鸦人的绝活了。

老鸦捕鱼，尤其是几条鸦船同时作业，那场面闹腾、热烈、刺激，叫你不得不驻足观看，玩摄影的碰上这场面，更会激动地忙前忙后狂拍一阵。高家荡养鸦人也有过一次悠闲的表演。那是2011年4月兴化"菜花节"期间，他们应邀参加了《水韵兴化》大型实景演出。夜幕下，光柱里，雾气中，水面上，他们身穿艳丽的戏装，熟练地、轻松地划着木桨，月牙似的小船缓缓滑行，船舷两侧排列整齐的老鸦静静地站着，看着岸上黑压压的人群……

周 家 荡

位于车路河北侧、231 省道东侧的周家荡,曾经与严家垛同为周严村,现在是垛田镇得胜村的一个自然村。这儿原本是一片湖荡、几块荒地。明朝初期,有一家姓周的从昆山移民到此安家,开荒种地,繁衍后代,最终形成小村落,取名"周家荡"。

除了周姓,周家荡还有杨、熊、陈等姓氏子民。有趣的是,熊、陈两家是同宗同族,当地人有着"熊陈一家"、"熊陈不分"的说法。

其实,他们的宗祖原本姓陈,祖籍在林湖陈宽。到了陈文举这一代,由于舅父熊氏无后,大约在 1850 年前后,陈家就把陈文举送给周家荡舅父作嗣子,这也是兴化地区常见的习俗"承嗣外婆家"。理应改姓为熊,又因为还认了兴化城里一位姓金的干爹,陈文举便改名为熊陈金。至于后代的姓氏,熊氏族人立下规矩——长子姓熊,次子一概姓陈。这样的规矩一直延续至今。

周家荡原先有两座庙,村东青龙庵,村西观音庵。青龙庵早已圮毁,观音庵则饱经风雨,几度兴废。

这观音庵本是尼姑庵,建于何时已无从查证,只知道大约在 20 世纪 30 年代因无人住持而衰落。后来,一位和尚来到这里,潜心修行,苦心化缘,重修庙宇,香火日盛。和尚还做了一件大事,从一高僧处求得全本《华严经》,上钤皇帝玉玺红印,作为镇庙之宝。平时,经书放在一只专用木箱里,木箱存于经室之中。每年的农历六月初六,举行隆重的晒经仪式:将经书取出,放在天井中一块大红布上让太阳曝晒,比丘僧尼、善男信女从四面八方赶来,上香磕头、诵经拜佛,场面很是壮观。此后,和尚老去,无人续持,加上战火不断,观音庵再度衰败。20世纪50年代,村里人将此庵改为学堂,60年代曾一度成为村办玻璃厂厂房,玻璃厂停办后重新改造为小学校舍。2004年,垛田镇调整学校布局,"周严小学"被撤,校舍空置。将军庙村庄整体拆迁后,村里的"复兴庵"何去何从?经多方勘察、协商,最终决定将复兴庵迁至周家荡观音庵原址,拆掉旧校舍,新建庙宇"观音寺"。观音寺规划建筑面积400平方米,预算投资66万元。经过近一年的施工建设,2011年11月11日举行了隆重的开光仪式。至于那箱弥足珍贵的《华严经》,村里人一直保存到1960年代,"文化大革命"开始后被"破四旧"的"红卫兵"烧毁。

周家荡不仅办过小学,还在普及初中教育时创办过一所中学,叫"周严中学"。周严中学规模不大,鼎盛时期双轨6个班级,200多学生,却是一所独立的初级中学,不像其他村庄是在小学里增设初中班叫"戴帽子初中"。从1972年创办到1992年撤并,整整20年时间内,这所学校为当地适龄学生就近读初中提供了方便,当年的不少学生如今成为教师、干部、企业家。出身乌羊的王德庆,从周严中学毕业后光荣参军,在部队锻炼成长为团级干部,现为上海市奉贤区国土局副局长。刚刚退休的原兴化市政协副主席姚正生,也曾在周严

垛上扁舟(李松筠 摄)

中学当过老师。

　　进入 21 世纪后,周家荡人致力于整治环境,改变村庄面貌。2002 年,他们借助"通达工程",建成了水泥浇筑的 5 米宽的中心一条街。2010 年,他们全力投入小康示范村创建活动,打响了改天换地的"大决战"。他们拆违建、清垃圾、整道路、安路灯、浚河道、净水面、修广场、建公厕、栽花木、造绿岛、辟新区、建村部,全村基本实现道路硬化、路灯亮化、水陆净化、环境美化,向人们展示着一幅新农村的美丽画卷。

大 凌 沟

于翟家垛与何家垛之间的大凌沟,习惯上称为"凌沟"。垛田原有两个"凌沟",车路河北的叫小凌沟,车路河南的叫大凌沟。

凌沟新貌(李松筠 摄)

"凌沟"这名称,应该由"菱沟"演化而来。据说很久以前,村上某小伙娶进了一位江南姑娘。这姑娘不会干农活,只会做家务,又因为语言不通,整天蹲在家里。但是到了清明节前后,她就划个小船,成天在河沟里忙来忙去,人们问她做什么,她就会说个"水"啊"水"的。到了夏季,满河满沟的菱叶浮上水面;到了秋季,"蛮婆娘"又将满船满舱的菱角采回家,分给邻居尝鲜,拿到城里卖钱。人们从她那儿学会了种菱,这个无名村庄成为"菱沟",城东一带成为"十里菱塘"。

到了当代,这里竟然成了"中国大凌沟"。20世纪90年代,凌沟有个人自办调味品公司,名片上的地址赫然印上"中国大凌沟",一时传为笑谈。

"中国大凌沟",显示了凌沟人的自信。

大凌沟其实也不大,目前有150多户人家,500多人口,但凌沟人在历史发展的各个时期总能做到先人一步、胜人一筹。

1958年,凌沟成立了由张伯康等人组成的科学种田实验小组,开展油菜的高产化实验。这个小组在专家的指导帮助下,将日本的胜利油菜与朝鲜的早生油菜进行杂交,培育出新的油菜品种——垛油一号。这个品种与传统的白菜籽相比,植株高大,分蘖性强,种荚粗长,颗粒饱满,且有一定的抗倒伏、抗病虫害的能力,油菜籽的亩产量历史性地提高到300多斤,受到省政府的嘉奖。时任凌沟生产大队长的王兰英,曾作为"油菜姑娘"被摄入中央新闻电影纪录片,1960年被评为全国三八红旗手,并进京受奖,受到周恩来等党和国家领导人的接见。后来,张伯康也曾一度调到扬州农业科学研究所,负责指导扬州地区的油菜生产和科研。1959年2月,江苏文艺出版社出版了一本由兴化市摄影家杨训仁拍摄的画册《兴化的油菜》,专门介绍了凌沟油菜生产情况。

这本画册里,有一幅图片是几个人在房屋旁用尺丈量,文字说明:"社员收入增加了,凌沟社社委会根据社员要求,大胆地做出了一个调整住宅区的规划……把全社归并为三个住宅区,房屋一律用砖瓦砌造。这是社委会正在规划的情形。"大凌沟原本居住分散凌乱,房屋大都低矮破旧。改变村庄面貌,改善居住环境,这是广大农民群众千百年的梦想。凌沟当年的"规划",也只能是一种"理想"。这理想,直到30年后才得以实现。

20世纪70年代以后,凌沟的工业发展了,村级经济壮大了,农民手里有钱了。从1983年起,他们学习翟家垛的做法,制订规划,平整土地,前后用几年时间完成了村庄方整化建设。今日大凌沟,宽阔的中心大街横贯东西,一座座别墅式的农家楼房整齐排列,一辆辆小轿车进进出出,一派社会主义新农村景象让所有到过这里的人赞叹不已。

神奇垛田

1958年，凌沟人在丈量土地，规划村庄建设（杨训仁 摄）

1998年4月，江苏省对外友协组织了上百名在宁工作的外国专家教授，来垛田观光，到凌沟访问。凌沟人以中国式的热情和地道的家宴，接待了这些来自世界各地的外国朋友，与他们共进午餐，亲切交谈，合影留念，依依话别。凌沟的工业，凌沟的村容村貌，凌沟农家的生活，还有凌沟人的淳朴诚挚，给外国友人留下了美好印象，他们直夸"凌沟OK"、"中国OK"。

凌沟人踏实、勤奋，有抱负，他们的目光总是放在全省、全国甚至世界。

从70年代中期开始，凌沟人迈开了发展工业的坚实步伐，先后办起了塑料加工厂、调味食品厂和塑料拉管厂。1977年，潘广林带领一班村民，以9 600元的启动资金，从废旧塑料加工起步，一步一个脚印，几年一个台阶，于1992年建成了省定点的兴化市塑料农膜厂。到2000年企业改制的时候，这个厂资产总量已达550万元。2001年，潘广林等人又投资1 000多万元，在旗杆荡工业园区新建兴化市塑料发展公司，年生产能力4 000吨，年产值达到4 000多万元。现在，除了原有的农膜厂和塑料发展公司，凌沟人还在本镇和省内外办起了几十家企业，经营触角探及半个中国，经营范围从食品加工、塑料制品这些传统行业延伸到餐饮宾馆、房地产开发、金融服务等领域。大凌沟成为垛田镇创办企业最多、人均收入最高的村庄。

除了经济能人,大凌沟还有三位知名人士。

赵龙才从村里调到垛田敬老院担任院长之后,只用了短短三年时间,就让敬老院面貌大变,成为江苏省文明敬老院。他本人也被评为兴化市十佳共产党员、泰州市勤政廉政好干部、江苏省五保供养工作先进个人、全国民政工作先进个人、全国孝亲敬老之星。

杨华忠,当年不满足于民办教师的公职,考进大学继续深造,毕业后分配在连云港外轮代理公司,专门跟外国人打起交道。

王德法的父母早逝,在党和政府、父老乡亲的关心帮助下,这位孤儿勤奋读书,以优异的成绩考取北京科技大学,大学毕业后继续攻读研究生,成为中国科技大学的教授、访美学者,现在已侨居美国。

凌沟人真的走出了国门。凌沟,成为名副其实的"中国大凌沟"。

将 军 庙

将军庙，原是垛田镇城东村的一个自然村庄，以前称过新丰大队、将庙村，2007年有270户人家，800多人口。这里距兴化城东南约1公里，西临直港河与下甸隔河相望，东接杭州路与小戚舍为邻，南至五里东路上甸以北，北连钱家舍。从2008年3月起，这里被城市新区征用、拆迁，至2010年，将军庙的村民全部迁居安置新区府东花园。

拆迁中的将军庙（李松筠 摄）

将军庙，是垛田镇唯一一个以"庙"为名的村落，这个村名也确因一座庙而来。

将军庙村西直港河对面，原来有一个四面环水的高垛子，上面有一座俗称"马庙"的"白马将军庙",建有一大一小前后两殿,大殿内供奉着一位银盔银甲的将军塑像,庙门前立有战马和马卒汉白玉雕像一组。1941 年日伪军占领兴化后,在此设立据点。1944 年 12 月,刘志高从新四军临城区游击队叛逃日伪后,便驻守在这里。1945 年 8 月,新四军在攻打兴化城之前,围攻据点,炮轰碉堡,活捉刘志高,此庙在战斗中严重受损,解放后被完全拆除。

白马将军庙从何而来?所供奉的将军何许人也?这里有一个神奇的传说。

很久以前,兴化城东系一片沿海沼泽,常有海匪侵扰,百姓苦不堪言。这一年,有一位叫蒋三的年轻人,在开挖荒滩、堆垒垛圩时,挖到两只铁匣,得到两支宝剑,第二天又有一匹雪白的战马立在门口。蒋三便在劳作之余,骑马舞剑练习武艺,很快就练得剑术娴熟、驭马自如。一天夜里,战马忽然长嘶不已,马蹄踢踏。蒋三连忙取剑上马,白马迅即飞将起来。待马蹄落定,蒋三见有一伙匪贼正在打家劫舍,便策马上前舞动双剑,剑中忽然飞出两道白光直奔匪首,那匪首旋即人头落地,众贼见状,落荒而逃。从此以后,盗匪再也不敢前来。后来,一伙匪贼来犯,一路烧杀掳掠。蒋三带领地方兵众前往迎战,全胜而归。于是,兴化知名人士联名上书,请求朝廷嘉奖蒋三。不久,当朝皇上敕封蒋三为"白马大将军",而当衙差来请蒋三进城接旨受封时,却连人带马都不见了踪影。有人说,蒋三已在天亮之前骑着白马腾空飞走。人们为了纪念蒋三和那匹神马,在他得剑之地修建庙宇,称为"白马将军庙",将他居住的村落叫"将军庙"。据说,那庙里供奉的大将军,还经常在夜间骑着白马外出巡游,护佑着这方百姓。当地百姓每年在直港河种菱,河中西侧总有一条两米来宽的直线水面长不出菱叶,原来这是神马的马道。

其实,白马大将军和将军庙,是有历史记载的。据考证,马庙供奉的将军,是东汉秣陵尉蒋子文。蒋子文为东汉时期广陵(今扬州)人,英勇善战,战功显赫。在一次与匪贼的交战中,将军身骑白马,一马当先追击敌人,在钟山脚下不幸中箭殉身。三国时,东吴孙权敕封蒋子文为中郎侯,在钟山为其立庙祭祀,并将钟山改称为蒋山。而我们兴化为何要为这位白马大将军建庙呢?这与一段抗金平叛的历史有关。

南宋开禧年间(1205—1207年),正是金兵大举南犯之时,宋军主力在淮河南侧和大运河一带抵御金军。当时,驻守在小戚舍的宋军小校戚椿,见战局危急,估计宋朝难保,便率部叛变。驻守大运河的宋军将领闻讯后,派出一队精干人马秘密潜至兴化城南郊,夜间于直港河西岸舞旗鸣鼓,奔驰往返,领阵的是一位白袍银甲雪马大将军。他们在民众中传言,说是当年的白马大将军蒋子文显灵现身,要消灭叛军,取戚椿的人头。戚椿害怕,带领手下人马向北逃窜,在时堡被埋伏在那里的宋军一举围歼。兴化人民为了纪念此次假扮蒋子文全歼叛军的胜利,便在下甸南边、直港河边的一个垛子上修建庙宇,供奉蒋子文及其白马的塑像。

将军庙,也确实有庙。过去,庄上有两个庵堂、两个祖师庙、三座土地庙。小小村庄竟有7座大小庙堂,算是名副其实了。两庵中,东为风清庵,是僧庵,西为复兴庵,属尼庵。据说,这两座庵堂在五百多年前由一对老年夫妻所建,建成后夫在东、妻在西各守一堂,专修佛事。刘志高占据马庙后,将两庵拆去部分房舍取其砖木修建碉堡。新中国成立后,这里仅存复兴庵一座小庙,而且

将军庙村民乔迁府东花园(李松筠 摄)

日渐衰落,由庵主洪亮苦心操持。20世纪80年代获准恢复复兴庵,并于1997年原址重建。将军庙村庄拆迁后,经多方协调,复兴庵迁址垛田镇得胜村周家荡,更名"观音寺"。

时光荏苒,沧海桑田。20世纪40年代,白马将军庙毁于战火;如今将军庙自然村也已从兴化版图消失,原址上将建成"西子御园"商住小区。今后,人们能看到的只是这新建小区前面一条小路,叫"将庙路"。

孔 戴 舍

孔戴舍，也叫孔家舍，垛田镇孔长村的一个自然村，位于垛田南部、兴姜河与跃进河交汇之处。这里世代居住着孔姓和戴姓两族村民。奇怪的是，所有戴姓子民去世之后，其牌位及墓碑上的姓氏都变成了"邓氏"。原来，戴氏家族本来姓邓，不过，是在世姓戴，死后才能姓邓。这种生死不同姓的情形，恐怕在全中国绝无仅有。

在很久以前，兴化城东一带系沿海沼泽地区，自宋代范仲淹筑捍海堤之后，才成为内陆湖荡。明朝初期，昆山、苏州移民到了兴化，几户姓邓的人家来到旗杆荡南部开荒种地，繁衍生息。后来，又有几家姓孔的来到这里，与邓姓毗邻而居。从此，两个家族和睦相处唇齿相依，人丁兴旺香火日盛，最终形成村落，人称"邓孔舍"。

后来到了清朝晚期，有这么一天，一个姓孔的官老爷坐着官船在兴姜河顺流而下，因天色已晚便在此村停泊歇宿。官老爷一打听，这个村庄叫"邓孔舍"，大为恼火。因为在兴化方言中，"邓"与"吞"同音，"邓孔"不就是"吞孔"嘛？要把"天下第一姓"孔氏家族"吞"下去，那还了得！第二天，这位孔老爷急奔兴化县衙，向县官老爷大诉贬孔排孔之罪状，要求火速查办。中国历代尊崇孔子，当然也就尊敬孔姓世家，来人又是当官的，县老爷不敢怠慢，当下差人将孔、邓两姓族长等人带至衙门。县官老爷迫于那位孔大人的压力，宣布"邓孔"一名不得再用。"邓孔"不用，"孔邓"也不宜，到底叫什么呢？县官老爷从孔族长的一句话中得到"灵感"。孔族长刚才申诉时说"是我家姓孔的把他姓邓的带来的",干脆就把姓邓的改成姓"戴",庄名叫做"孔戴舍"。邓姓等人不服,怎能叫我们丢宗忘祖?两位老爷一商议,来了个折中的办法:姓邓的在世姓戴,死后恢复原姓为邓。众人只得照办,并一直沿袭至今。

孔戴舍,一个普普通通的村庄,却留下了共和国总理的足迹。

那是1991年夏天,兴化地区遭受百年一遇的特大洪涝灾害,垛田的前进圩、孔长圩、杨荡圩先后决口倒坝,孔戴村农田全部被淹,四周大水茫茫。村里部分农舍进水,不少人家移到船上暂避洪灾。

1991年7月,时任国务院总理的李鹏在孔戴视察灾情、慰问灾民(陆新林 摄)

7月21日上午,一支车队从公路北面急驶而来。当时的国务院总理李鹏在江苏省委书记沈达人、省长陈焕友以及扬州、兴化领导同志的陪同下,在孔戴村北的公路桥下了车。总理先在桥上环顾四周水势,听取灾情汇报,然后往南走来,走下公路,跨上停在河边上的一条灾民船,坐在船头跟村民交谈,了解他们的生活情况。上岸之后,又走到路边的一个小草棚的小木桌旁坐下,跟村民代表促膝而谈,鼓励大家在党和政府领导下,齐心协力抗灾救灾,重建家园。他对大家说:"留得青山在,不怕没柴烧,只要大家团结一心,不怕困难,生活会好起来的。"当时,雨后天晴,气温很高,头戴草帽的李鹏总理脸上流下了汗水。上车了,中巴车启动了,总理还不停地向车窗外的人们挥手告别。

几个月后的1992年1月6日,时任国务院秘书长的罗干,再一次来到孔戴,了解灾后的重建情况。罗干同志也在村后公路桥下车,在听取兴化县长胡炼的汇报后,一路步行向村里走来。他走进村民家中,看厨房有没有柴火煤炭,看米坛中有没有米;他在街上跟村民面对面交谈,问他们对政府有什么意见和要求;他走进孔戴小学,看教室有没有危险,了解学生的学习情况怎样。临行前,罗干同志一再嘱咐在场的县乡干部:春节快到了,一定要把群众的生活安排好。

1992年1月,时任国务院秘书长的罗干到孔戴视察灾后重建工作(李松筠 摄)

孔戴人没有辜负中央领导的嘱托。他们不仅全力以赴生产自救、灾后重建,而且完成了改变村庄面貌、建设美好家园的大手笔。2009年,他们全面发动,全员参与,多元投入,取得了创建"环境优美乡村"的重大成果。他们清除粪坑、草堆、猪圈、灰塘,修建公厕,配备专职保洁员,从根本上改变了村庄的环境卫生状况;他们疏浚河道,修建农桥,浇筑道路,修建停车场,解决了群众行船难、车辆进出难的问题;他们栽植花木,兴建草坪花圃,村庄绿化展现新姿;他们将废弃的小学校舍改建成村部和社区卫生服务站,完善了公共服务设施。他们还在村庄入口处建设孔子文化广场,广场铺草坪、植花木,当中立有孔子塑像,背景为琉璃瓦拱券、大理石贴面镌文的文化墙,成为孔戴舍的标志性景点。

如今的孔戴舍,水清路宽花木香,优美乡村好气象。

第三辑　四时渔耕

长 菜 籽

油菜,曾经是垛田的主要作物,20世纪80年代之前,垛田的越冬作物都是它。菜籽,就是油菜籽,榨油的原料,是油菜这种作物的果实。这里的老百姓通常把种植油菜叫做"长菜籽"。

70年代的垛田油菜地(王虹军 摄)

垛田油菜不仅种植面积多,而且品种好、产量高,1960年前后曾经有过"垛田油菜,全国挂帅"的美誉。

油菜籽的生长周期较长,从育苗、移栽到成熟收获,大约需要半年的时间。其中的每个阶段、每一环节,垛田人都精心莳弄。

秋季,就得育苗,垛上人叫"种菜秧子"。选一田块,深翻细作理净整平、施足基肥,便可下种了。撒种是很有讲究的,既不能稀也不能密,须密度适宜,疏密均匀。几天后,种子发芽,嫩白的胎茎上顶着方形芽叶,这时要作第一次间苗,用手指掐掉过密的。第二次间苗在秧苗成形后,拔去瘦弱的弯曲的"等外品"。这期间,每天要戽水,隔几天浇一次薄粪,发现虫害及时灭除。

移栽,一般在秋末冬初。准备移栽的大田,同样需要翻晒、整理、施上基肥。拔菜秧子是个细心的活儿,不能把根、茎拔断,还须一摞摞地码放整齐。栽菜,垛上人说是"秧菜",一般由妇女来做。秧菜的工具是专用的"韭刀儿",刀身十来厘米长,尖尖的;刀根部与刀身呈一百来度的角度且向上翘起,装有正好一手握住的木柄。人蹲着,按一定的行株距,右手握刀往泥土中一插,再摇一摇刀柄弄出个土窝,左手迅即将菜秧子的根部埋进土窝,要埋得不深也不浅。浅了,水一浇就"爬起来";深了,菜也难以长大。垛田的女人们,个个都是秧菜的好手,秧菜的动作流畅快捷,从不拉绳画线,手起手落之处,棵是棵、行是行,而且深浅得当。

菜籽移栽后到春节这段时间内,田间管理主要是每天浇水,施一次腊肥。春节过后到抽薹开花,人们就忙了,要罱河泥浇到菜田里,而且要浇三次,说是:一交(方言,读作 gào)定根,二交发身,三交菜籽圆滚滚。这河泥也是有机肥,既肥了田,又给油菜壅了根,有了三遍河泥,自然会籽粒饱满,产量大增,菜籽的出油率也高。过去农民都是拿菜籽到兴化油厂兑油,别的地方的一般每斤菜籽只能兑二两多的油,而垛田的菜籽总能兑到三两多。

油菜开花了,结荚了,田间管理除去防治病虫害,那就"前线无战事",单等收获。

到了小满前后,叶子掉了,籽荚黄了,也就到了油菜籽收获的时候。收菜籽,也有拔、晾、抄三个环节。

拔菜籽,除了拔,也有用刀割的。通常是在清晨,带着露水,这时候拔籽荚就不会炸裂。

拔下来的菜籽秸，须籽荚朝外，一把一把地码堆在垛子的坡面上，也有用船装运堆放在打谷场上。堆放的作用，是让籽荚继续晾晒。

　　抄菜籽，就是将菜籽脱粒。几个人撑条船，来到堆放菜籽秸的地方，而后分工协作流水作业。岸上的人抱菜籽，将秸子一把一把接到船舱，船上有人专门用脚踩，把籽荚踩得全部掉落炸开，还有人负责将踩过的秸子抖净抱到一边。船舱里满是菜籽和籽壳了，就将船撑到有风的地方，用一种专用的竹制筛篮将籽壳筛掉。筛的时候须将筛篮举得高高的，利用风力边筛边飏，落下的便是黑里透红的菜籽粒了。

第三辑

四时渔耕

秧　瓜

有句成语叫"种瓜得瓜,种豆得豆",垛田人则把种瓜说成"秧瓜"。

明代弘治年间,兴化籍"会元"(会试全国第一名)、户部侍郎杨果目睹车路河南北两厢的垛圪上瓜果累累,欣然作诗《两厢瓜圃》,并将这里命名为古昭阳十二景之一的"两厢瓜圃"。垛田种瓜,可谓历史久远。

不仅历史久远,垛田生产的瓜果也是品种丰富、品质优良的。垛田的瓜果可分为三大类:

其一是专供生吃的果品类,如西瓜、香瓜等。西瓜中,有大个头的"芦呆子",红瓤小籽的"解放瓜",两头长长的"马头西"。香瓜又有两种,一种叫梨瓜,长圆形,外表长有凹槽,皮肉翡翠色,吃起来又脆又甜。另一种,扁圆的,外形有些像苹果,嫩黄如玉的表皮很光滑,肉呈白色,口味香甜浓郁。还有一种果品类,当初主要作为粮食替代物的,叫做"撕皮烂",外形有点像南瓜,成熟后摘下,拿回家用棉絮或稻草焐上两三天,熟透了,手指一按会凹下去,切开去瓤、撕掉外皮,便可食用,咬一口,粉粉的,甜甜香香的,可口又充饥。

其二是不可生食的蔬菜类,如冬瓜、丝瓜、笋瓜、瓠瓜(俗称"瓠条")、南瓜等。垛田地产的冬瓜,个头大,成熟的冬瓜一般都在二三十斤,外皮有一层白白的粉刺,碰上去有点刺手,但肉质要比当今的青皮冬瓜绵软、有味。南瓜,兴化人称之为"茄瓜",有扁扁圆圆的"座把瓜"、长长弯弯的"拉瓜"、头大尾小的"茄儿瓜",其中又有黄皮、青皮之分,当初都是作为粗粮副食、充饥当饱的。

其三是既可生食又可做菜的蔬果类,有色彩青黄的黄瓜、长长弯弯的梢瓜、敦实粗圆的菜瓜、碧绿脆嫩的酥瓜（也叫做"水瓜"），等等。这些瓜，垛田还通常在最后收获时，采摘下来，腌制成咸瓜，当地人俗称为"瓜子"，作为早晚餐稀饭的佐食小菜。

垛田人秧瓜很有考究。

先说留种。还在瓜田里蔓长叶茂瓜圆的时期，秧瓜人便开始留心巡察，将那些根苗壮、形状正、皮色好、个头大的选定为"种瓜"，做上标记，就像被皇宫选中的妃子一样的管护它。等到种瓜熟透了，摘下，切开，将瓜瓤倒进面盆，取灶膛里的草木灰拌进去团成圆球，再像贴烧饼一样粘到朝阳避雨的墙上，让它风吹日晒过秋冬。

再看育苗。到了来年春暖花开时，选一块向阳坡地或门前庭院整理成苗床。将罱起的河泥搁置变硬后，做成一个个小小的泥碗儿排列整齐地码放。再用松软的泥土、草灰、人畜粪，掺和成颗粒细匀的营养土，一撮撮装进泥碗中，这就成了瓜秧的营养钵。把粘在墙上的种子饼小心取下淘洗、晒干，成为一粒粒瓜种，瓜种竖着插进营养钵，每钵三到五粒。每天浇水。为了防寒，要在苗床上支起竹竿，苫上草帘。刚开始，只有在浇水时才能掀开草帘。出苗时，早上掀开、晚上盖起。到了瓜秧长大，气温也稳定了，才能把草帘拿掉。

当苗床的瓜秧长到三四片叶子的时候，油菜籽成熟收获了。挑几块刚拔掉菜籽秸的、面积大些的垛子，理净整平了，就从苗床扒出瓜秧移栽过来。瓜苗娇嫩，是要小心伺候的。浇水，每天两到三次；施肥，前后要施好多次；薅草，是经常性的，有草就拔。还需从湖里搅来水草围着它。长蔓爬藤了，要用土块压着藤儿，刮大风就不会伤了它。

摘瓜是件美差——可以体验采摘丰收的喜悦，可以饱饱口福，活儿也不算劳累。清早，撑条木船来到种瓜的垛子，爬上去，拨开茂密的瓜叶，找那成熟的瓜摘下。摘瓜可不能硬扯，须用左手摁着瓜藤，右手轻轻掐断瓜后的蒂梗。摘下的瓜怎么送到船上？有两种方法。西瓜、冬瓜，个头大、分量重，几个人拉开距离、一线排着，摘的人把瓜抛给第二个人，第二个人接住再抛给下一个，就在这一抛一接中传递到船。那些梢瓜、菜瓜、香瓜一类的，统统叫"小瓜"，摘下后直接扔到河沟里，所以垛田人通常把摘瓜说成"下瓜"。等这块田采完，摘瓜人

冬瓜地（李松筠 摄）

跳进河里，把漾在水面的瓜儿一个个捞上来装进船舱。

而今50岁向上的垛田人，常常会讲起"偷瓜"的故事。

偷瓜，并不是真正意义上的小偷小摸，而是一种游戏，一种特殊年代、特殊环境里的消遣与释放。20世纪60—70年代，乡村还没有通电，没有电灯、电视、电风扇，更谈不上空调了。夏天，为了纳凉，男人、小伙儿会几人相约，弄条船，把船板冲洗干净，将船停泊在大河中间过夜，这便是"台泊"。夜深人静的时候，总会搞一次"偷瓜"。几个人悄悄将船驶进垛沟里，找到西瓜田或是香瓜、酥瓜田，每人摘些瓜儿上船，吃个痛快，再沉沉地睡去。

而今的垛田，一块块、一片片生长着碧绿碧绿的香葱，瓜田已经很少了，"两厢瓜圃"成了历史的记忆，"台泊"、偷瓜，也成了那一代人对于往事的美丽回忆。

戽　　水

垛田主要种蔬菜,蔬菜的生长离不开水,给庄稼浇水,是垛上的主要农活。

浇水,垛上人叫"戽水",一字之差,意义相同,但毕竟有区别。

戽水场景(吴萍　摄)

戽水的工具是"戽水瓢"。戽水瓢由两部分组成:瓢头和瓢柄。瓢头,由白铁皮制成,是个多面体。后部见方,是盛水的;前部哩,是个向上翘起的斜面,口部呈弧形。沿口上,一溜卷起来,里面包着铁丝,既增加了筋力得以耐用,又没了铁皮的刃口不致伤人。斜面下方的居中位置,装有一只木制的"马儿",后部的边沿下开两个小孔,多装有铁丝做成的S形环儿。瓢柄,是一根两米来长的竹棒,三四厘米的直径正合手握,须选成色较老、韧而不折的竹竿,锯

第三辑　四时渔耕

77

头去尾修平竹节,在尾部开槽,插进"马儿",再用细麻绳穿进那两只S形铁丝环,将瓢头紧紧扎在竹柄上,就成了一个完整的戽水瓢。这是垛田特有的浇水工具,轻巧,实用,能将水浇得远、洒得开。

戽水这活儿,既要力气也要技巧。上了垛,立在人称"脚层"的小坎儿上,身体朝内,两脚前后分开站定,双手一前一后握紧瓢柄,瓢柄搁在前腿上部,瓢头伸进河沟舀满,尔后手脚配合,全身用力,运用杠杆的原理,将瓢中之水猛地洒向垛上的庄稼。垛通常是高的、宽的,这一瓢水要泼出去三五米远,是要把力气的。这力气又不能是死力气,得用"巧劲",不然的话,力气再大也坚持不了多久。

浇得远凭力气。而要洒得开,就靠技巧了。蔬菜多是娇嫩的,特别是那些刚长出来的苗和刚栽下去的苗秧,怕水冲,浇水就得讲究个"洒"字。就在手脚配合、全身发力、扬起水瓢的一刹那,双手有一个手腕动作:扭动瓢柄,将瓢头作一定角度的倾斜,同时往回来个牵拉,这样泼出去的水就会像雨点一般洒向地面,这才叫"戽水"。

除了"远"、"洒",戽水还有个要点,那就是"匀"。匀,有两层意思。首先,要依据苗情、墒情和气候,来确定浇水量的多与少,该透的透,该湿的湿,有的则只需洒一洒。其次,同一块土地、同一类作物,每次的戽水量都要均匀,决不可干一块湿一块、轻一片重一片。

垛田人只要是下田干活的,一般都要带上戽水瓢,个个都会戽水,这是基本功。当然,同做任何事情一样,戽水也有技艺的高低之分。经验老到、技术高超的老农,戽水时不紧不慢,瓢满水匀,一趟水浇下来,气定神闲,面无疲惫。一般人戽水,脚坎上免不了潮湿泥泞,而他戽过的脚坎上,不湿也不滑。垛子的四周都有坡面,坡面上也种庄稼,给坡面戽水是最难的。浇多了,水存不住,连水带泥往下滚;浇少了,又不行。你看老农,舀个半瓢,用力泼去,那水如雨似雾,正好润土,一瓢浇一片决不重复。到了面前这一块,双手握紧瓢柄,一扬、一侧、一抖、一拉,那半瓢水在空中拉成一条水带,就像舞台上舞动的彩绸一样,划个弧圈,轻轻飘下,又变成无数水珠洒落在青枝绿叶上。泥土湿润了,却没有多余的往下流。看这种人戽水,你看不到劳动的辛苦,只看到舞动的艺术。

　　戽水,终究是件体力活。特别是在烈日炎炎的盛夏季节,戽水是很辛苦的。现在,垛田菜农大都有了由小型柴油机和高压水泵组成的戽水机,人们已从并不轻松的戽水中解放出来。

第三辑

四时渔耕

锗　岸

垛田人把翻土的农活叫做"锗岸"。锗，音 zhuō，《现代汉语词典》解释为"（用镐）刨地或刨茬儿"。

垛田上的蔬菜一年有几茬，每茬庄稼收获后都要翻土、晒垡，锗岸也就是主要农活了。

锗岸的工具是钉耙，竹柄铁头（也有木柄的），垛上农户家家都有。钉耙有两种，一种叫大耙子，一种叫小耙子。大钉耙的块头大些，四个铁齿是尖的，用来"扳大耙"，小钉耙也是四个齿，但每个耙齿的下端呈三角形，有刃口，是用来破垡细

锗岸情景（李松筠　摄）

作的。

扳大耙，没有多少技术要求。一块空地，几人排着，大钉耙高高举过头顶，将耙齿深深扎进土里，耙柄向上一扳再朝后一拉，一块大泥垡被翻起，就这么耙起耙落，一块一块地翻，一趟一趟地锗，边锗边前移。扳大耙这活儿，钉耙往土里扎得越深、垡头越大越好，这自然是很费力气的。一般人几耙子下来就要出汗，手皮嫩些的手掌上要打出几个血泡。翻起的大泥垡，撂在那里让太阳晒，晒的日子越多越好，农谚说是"晒个太阳抵趟粪"。

栽种之前，要对翻晒的土地破垡整理，垛田人把这道工序称作"倒岸"。

　　倒岸其实也是鎝。所不同的是，倒岸须将已翻起的大泥垡打碎、斩细，将地面整平，要用带有刃口的小钉耙，干活时人是往后退的。扳大耙主要是靠力气，倒岸则是靠细心和耐力，还要有经验和技术。倒岸"倒"过的田块，越细越松越好，地面整得越平越好。垛田都是立体的耕地，倒岸最考究的，就是那垛子的平面与坡面结合处的边肩，须做得角是角、线是线。种田好手"倒"出来的垛岸上，土块粗细均匀，边肩棱角分明，无论是上边的平面还是四周的坡面，都平坦如砥，让你看上去养眼。

　　如今农业生产的机械化程度越来越高，一些农户也用上了小型手扶耕作机，在大大小小的垛子上翻土耕地。这种耕作机体积不大，质量不重，一人可推，两人可抬，可用小型农船运送到任何一个垛圪上作业，效率要比人力翻地高许多。看来，鎝岸这活儿将逐步被机械所替代，钉耙最终是要送进博物馆的。

罱　泥

罱泥（李松筠　摄）

罱泥，以及后文的扒苎，都是使用特有的工具，在湖荡河沟的水中集取自然肥料，也是垛田人的主要农活。

罱泥，是用"罱子"把水下的稀泥捞上船，再运到垛圪边浇上岸。

罱泥的"罱子"，主要由竹篙和"罱衣"组成。买两根粗细一致、长短相仿的竹篙，锯齐、修平，在根部上方10来厘米处，用火熏烤、弯成约六七十厘米长度的弧形，就成了"罱篙"。罱篙的粗细，以下部可一手握住为宜。从铁匠铺买来"罱铐"，罱铐由两只圆铁环连接而成，中间铆着但可以灵活转动，有点像警察抓嫌犯的手铐。将罱铐套进两只罱篙，固定在弯弧的上方，使罱篙成为相互对称、不可分离，但可交叉分合的"孪生兄弟"。罱篙的根部装上铁制的"罱耙"，罱耙里穿进竹片做成的"罱口"，罱口约一米来长，这就做成了罱子的主体骨架，还需装上"罱衣"。罱衣，是一种三角形的、两肩缝合、底边开口的"袋子"，分上下两部分：上部像渔网，下部是麻丝织成、专门用于制作罱衣的"巨布"，巨布网眼很细，漏水不漏泥。将罱衣下边与两片罱口扎紧,上方的顶角有一段绳子系在罱铐处,便成为完整的、捞取河泥的工具"罱子"了。

罱泥用船,船上一般两人,一人在后以竹篙撑船,叫"拿泥船",多为妇女;一人在前,用罱子罱泥,是男壮劳力。作业时,罱泥人将罱子往船舷一侧的前方撂进水中,双手分握罱篙,上下尽量拉开距离以让罱口张开,待紧贴河底后,再稳稳地、用力地向前推进。此时,后面拿泥船的必须默契配合,用力将船向前挺进,这样,罱衣里就会捞进很多河泥;将两只罱篙合拢,罱口就会闭合不致河泥漏出;慢慢将罱衣提至水面,待移到船舱边,猛地撬起,运用杠杆原理将装有泥水的罱衣拖进船舱,同时两手叉开、用力一抖,那一袋泥水会"哗啦"一声落入舱里。一位罱泥好手,推如弓,提如松,撬如风,抖见功,一招一式动作娴熟,远远看去像是一种舞蹈,给人以力与美的享受。

其实,罱泥是件重活计。那一袋子的泥浆,少说也有五六十斤,从水里拎到船上,没有一把力气是不行的。况且,还要把一船一船的河泥用水斗子或戽水瓢,直接从船上浇到垛上,只有青壮劳力才能胜任。在生产队集体劳动时,能罱泥的叫"大劳力",拿大工分,不能罱泥的叫"小劳力",只能拿小工分。那时,一些垛上人也以"我18岁就上船罱泥了"而自豪。

在过去,垛田人一年四季都要罱泥。蔬菜收获换茬了,要往空地上浇泥浆;种油菜,一般要浇三回河泥;长韭菜,要浇河泥;栽芋头,也要浇河泥;育瓜秧,更要河泥。这河泥也确是好东西,有了它,土质好,肥力足,长出的蔬菜就是不一样。

扒苲·挖苲

扒苲与罱泥既有相同点也有不同点，区别在于：使用工具不同，罱泥用罱子，扒苲用的是一种铁制的耙子；方法不同，一个"罱"，用罱子在水下夹取，一个"扒"，近似于挖；捞取上来的肥料不同，一是泥，一是苲。

苲，音zhǎ，字典上解释为"金鱼藻等水生植物"。而在垛田，苲，是一种农家肥的名称。它是河泥与水草的混合物，比用罱子捞取的河泥厚实，又夹带水草、螺蛳等物，比河泥更肥，主要是铺在芋头田里，壅根又施肥。

扒苲用的耙子，铁打的，比翻土用的钉耙大，约一米来宽，十来个耙齿，耙齿长度在30厘米左右，有些弧度。将铁耙装在一根硬梆的竹柄上，竹柄比罱篙短，一般两米多长。耙背上部结一片绳网与竹篙连着，就是一个完整的苲耙了。

扒苲多在湖荡。垛田境内过去湖荡密布，有旗杆荡、癞子荡、红荡、八十荡，还有一个面积很大的得胜湖，都是捞取泥苲的好去处。每逢夏季，就有三三两两的壮汉、来来往往的船只，在这些湖荡深处扒苲。

扒苲是个力气活，一般三个青壮劳力一条船。船的挽梁上横着绑牢一根竹棍，棍头伸出船帮一尺来长。来到湖荡苲多的地方，船头那个人将苲耙丢进水中，竹柄逼住船旁伸出的棍头，双手紧握耙柄，两腿前伸，身体后倾，船艄的两个人便一人一边使劲地往前撑，只要船体稍微向前移动一点，耙就满了，扒的人用力拖出水面，猛地翻倒进船舱。这满满一耙的泥苲有多重？足有百把斤，光苲耙就是二三十斤哩。一天扒两大船，要多少力气？难怪那时候生产队里给扒苲的社员记的工分最高,这的确是人们所说的"硬工"。

捞取泥苲的另一种方法,叫"挖苲"。挖苲的工具,是一种装有木柄的四齿铁叉,铁齿的长度30多厘米,弯弯的,垛田人叫它"苲叉"。与扒苲相比,挖苲较为自由,人数可多可少,船只可大可小。将船行驶到湖荡的浅水处,挖苲人跳进水中,用苲叉将水下泥苲挖起,再撂进船舱,装满了,运走,送到需要的垛圪上。

把泥苲弄到垛圪上与弄河泥不同。河泥相对稀薄,用浇水的铁皮水斗或戽水瓢直接舀。泥苲不行,通常需要三人配合,船上一人,岸边一人,垛上一人。船上的人用铁叉将泥苲从舱中挖起,放进岸边人的水斗里,岸边人再倒进上面人的水斗中,上面的人将泥苲倒在作物行间或空地上。最后,还得动手,将地上的泥苲撸平,或在芋头等植物根部壅好。这最后一道活儿,垛上人叫做"沰苲"、"布苲"。

扒苲、挖苲、沰苲、布苲,费力,也脏,人们经常说这农活是"跟泥打架"。

出门卖菜揻水草

垛田人习惯上把行船外出卖蔬菜说成"出门"。

垛田一年四季生长着各种蔬菜,这些蔬菜还要卖出去挣钱。过去,信息不通,交通不便,只有自己行船将蔬菜运到外地去卖。近的,送往扬州、宝应、盐城、东台;远的,行船去阜宁、建湖卖大蒜大葱,到上海卖芋头、生姜。

20世纪70年代以前,没有柴油机、挂桨机,行船出门或荡桨摇橹,或扯帆"朗风",或岸上拉纤,全凭人力。特别是船上装着韭菜、青菜一类的青货,要以最快的速度、最短的时间赶到目的地出售,就得马不停蹄,连夜赶路,歇人不歇船。有时天公不作美,刮起大风、下起大雨,也得顶风冒雨,一刻不停,那份辛劳可以想见。

辛苦之中也有乐趣。出发时,船上带个瓦锅厢和铁锅,备了粮草,到时候一人烧饭,饭熟了,盛进大盆或淘箩中,再烧个菜汤,将肚子填饱就行。等船上货卖掉有了钱,就可以早上买肉包子,中午买鱼、打肉、弄酒,美餐一顿。在集体化生产队年代,物资匮乏,生活清苦,平时很少沾上荤腥,只有出门卖货的人可以花些集体的钱,"修修五脏庙",改善一下伙食。如果运气好的话,还能帮别人运趟货,捞些外快分点钱。所以有人调侃说:妇女巴养人,男人巴出门。

除了出门卖货,夏天还要出门揻水草。

揻水草的工具,是用两根粗细匀称、结实、有韧性的竹竿,锯成两米左右同样长短,离根部50厘米左右用细麻绳扎起,便成了"揻管"。扎绳哩,要扎得不紧不松。紧了竹竿岔不开,松了也不好用。找到水草茂密的水面,放下篙子任

捱水草（李松筠 摄）

船漂在水上，拿起捱管，让两竹竿岔开，斜着伸向水下，尽力并拢两竿，然后就像小孩夹面条那样，转动竹竿让水草缠绕上去，用力一拖，一团水草就连根拔起浮上水面，再用捱管挑进船舱。这水草可是个好东西，在蔬菜的棵旁行间铺上一层，遮阴保湿又肥田。

那时垛上长蔬菜都讲究在作物行间铺水草，瓜瓠茄儿要铺，韭菜芋头更要铺，条条岸上要铺，一批水草烂掉了还要铺第二遍、第三遍，水草的用量特别大。附近河沟湖荡里的水草都捱光了，就得行船外出，到北面的中堡、沙沟、宝应，东面的盐城、大丰那些地方去捱。那时候的夏季，每天都能看到一些叫"水草帮子"的船，船上堆起高高的方方正正的水草垛子，船舷擦着水面，由北向南缓缓归来。

出门捱水草，要行船，要捱水草，风餐露宿，苦也罢了，还要受蚊子的气。那些湖荡里的蚊子又多又大，船上又没法挣蚊帐，只能被咬得满身疙瘩。如果碰上刮风下雨，船上无法生火做饭，就只能饿肚子。实在饿得不行了，要把船行到附近的村庄，跟人家借锅烧饭才有吃的。

俗话说，行船走马三分险，出门捱水草有时也会遇上危险。湖荡里，大河中，突然来了暴风骤雨，弄不好会把船打翻。也有的水草装得过多"超载"了，船进了水来不及舀,船就沉了。还有不懂科学而致煤气中毒的。曾有一对夫妻外出揿水草,夜里将煤炉子拎进水泥船"闷舱"里取暖,这闷舱是封闭的,上面只有一个有盖的圆洞,煤气排不出,夫妻双双中毒身亡。

现在,交通便利,物流发达,垛田人卖蔬菜大多送给村庄上的蔬菜专业合作社或"行老板",不需"出门"了,出门揿水草也已成为往事。"出门"的那份艰辛、那份危险已经远离人们而去。

乡人闲暇捕鱼忙

垛田，这种岛状耕地，四面环水，以致河沟相连，水网纵横。境内又有得胜湖、癫子荡等散落其中，因而水面辽阔，水产资源十分丰富。全镇61平方公里、90 000多亩的总面积中，水面就占了60%，达50 000多亩。

丰富的水产资源和传统的农耕方式，造就了大批业余渔人。人们常常在闲暇之余、鱼汛之时，采用不同的工具和方法，在湖荡，在河沟，在家前屋后，捕鱼摸虾，或自己享用改善伙食，或拿到市场卖钱增加点收入。这是一个庞大的群体，人数远远超过专业渔民，垛田的每个村庄几乎都有一批这样的渔人，都有几位渔捕高手，湖荡周边的村庄更是如此。如果把专业渔民比作打仗的"正规军"，业余渔民则是"地方部队"、"民兵"、"儿童团"。"正规军"使用的"武器"是"机枪大炮"，讲究"战略战术"；而这些"散兵游勇"，既可以"机枪大炮"，也可以"长矛大刀"，甚至"赤手空拳"，"战法"更是五花八门。正是这种遍地开花、无章无法、无门无派的渔具渔法，成为兴化渔文化的重要组成部分，成为最常见、最普及、最鲜活的渔业乐章，成为垛田水乡的一道独特风景。

持 具 捕 鱼

钓鱼 这种常见的捕鱼方式，在垛田乡村，多为青少年所事。一根竹竿（甚至是芦苇秆）、一段钓线、一只鱼钩（可用缝衣针烧红弯曲而成）便做成了钓钩，可以钓鲨鱼、钓龙虾、钓长鱼（黄鳝）、钓黑鱼、钓别的大鱼小鱼。

钓黑鱼比较特别，钓竿、钓线粗而短，钓钩较大，鱼饵多用岸边所捉的最小蛙类"旱鸽子"。将挽着活饵的鱼钩在"黑鱼窠"的水面有节奏地上下提放，这动作俗称"端"。隐在水下的黑鱼以为这小东西是来侵害它的"子女"，猛地从水里一跃而起，咬住那钩而被钓起，而且通常可以钓到公母两条。鲌鱼也叫白鱼，钓白鱼用"歪嘴"钩，不用坠砣，也不用浮标，蚂蚱、苍蝇为饵，可于梅雨季节到"溜水口"钓，或于平时到码头上钓，抑或于天麻麻亮时钓"哑嘴"的白鱼。还有，天黑时分找条小船，船头竖一竹竿，上系一盏马灯，来个"灯下钓鲌"。

钓钩之中相对少见的"另类"，还有柴钩、牛屎钩和瓦钓。

柴钩，也称"毛鱼钩"，专门用来钓捕毛鱼（河鳗）。制作方法是：选结实的芦苇，截成120厘米长的一根作为钓竿；剪一米多长的尼龙线扣上直直的绣花针，钓线另一头系在钓竿根部约20厘米处。做好后将钓钩顺向另一端，钩尖套入芦管中。张柴钩的季节较长，从初春持续到深秋。作业一般是在傍晚，先"挽钩"：把钩从芦管中拔出，捞起一条活的小鱼，将钩针从鱼的尾部穿到头部；将挽好的柴钩插入有毛鱼活动的水边滩旁，次日大早收钩。

牛屎钩，制作稍为复杂。先从垛岸沿水处挖些黏土，揉熟了，搓成一个个小巧的圆锥体，像小孩吃的宝塔糖的模样，俗称"坠子"，底部用火柴棒刺孔；把这些"坠子"放到灶膛里烘烤至硬；将"坠子"用尼龙线串起来，每隔六七米绑定一只，同时扣上鱼钩；找来新鲜的牛屎，掺入黏土，搅拌均匀，裹敷在每一个"坠子"上，钩就藏在牛屎中，最后滚上一层稻谷，依次摆放在大木盆里，常于傍晚张入水中。张牛屎钩通常是在秋季，主要钓捕鲤鱼。

瓦钓，并不用钓钩，而是瓦片。取盖房用的小瓦两两相对合起，插入破草鞋中，用绳子扎好，扣上一段钓绳，无需诱饵，直接放到河里，钓绳的一头扣上芦柴棍插在岸边，是专"钓"虎头鲨的，虎头鲨就喜欢钻入这样的洞穴。

跳白 选一条长长的、扁扁的、微翘、低舷的小船，把船舷的一侧涂白，再插上一排涂白的篾片，另一侧扯起高高的渔网。选皓月当空，风平浪静的夏秋之夜，将船横着顺流而行，鱼儿见到此船便会一跃而起跳进船舱，这种方法可以捕取鲌鱼、鲢鱼、鲤鱼、鳊鱼等较大的鱼类。

出充 这是垛田乡间一种独特的捕鱼方式。经考证，"出充"应为"出羼

(音 shēn)"，但民间历来如此称呼，只能附而"充"之。春夏之际，在湖荡、河湾、庄前屋后的沟岔里，栽上蒿草、蒲草，撒上菱种，或丢些杂草、树枝，这就形成了"充塘"叫"做充"，将其保护起来免遭侵扰叫"焐充"，入冬后在此捕鱼叫"出充"。出充时先用竹箔或渔网把充塘围住，而后众人动手，大罱、竹罩、撒网、丝网、鱼叉、捞海、䈱网等工具均可使用，有的还请放老鸦的前来助阵。

轰沟 这是一种近乎游戏的捕鱼方法，为垛田地区所独有。垛田范围内有着无数条小河沟，选一条"U"形垛沟，沟口拦上竹箔、插好篓儿，几个人跳进水中排成一排，拍打、斗浪、嬉闹，从小沟最里边慢慢向外移动。沟里的鱼儿受了惊吓，都要拼命往外逃窜，大多会钻入篓儿里。

与轰沟这种形式相似的，还有浑沟、刮沟。浑沟，方言说法更近似于"忽沟"，就是在一块面积不大、水位不深的沟塘里，一群人把水搅浑，鱼虾被泥水呛得浮到水面，然后或手抓，或网抄，或竹篮舀。刮沟，就是"竭泽而渔"，选一道有鱼存在的、面积不大不小的荒田漕子、呆沟头子，打好坝头，然后将沟塘里的水排出，再用䈱网、提罾、捞海等工具将鱼类捕起。

打箔 打箔又叫"闸箔"，是一种用竹箔拦截，再用捞海舀鱼、䈱网䈱鱼或者徒手抓鱼的捕鱼方法。每逢下雨特别是大雨，芦滩荒田的沟槽里就会形成水流，引来各色鱼儿。捕鱼人先用竹箔插在鱼群的下游，再在接近源头的地方打下竹箔，将鱼群拦截在当中，然后从上游往下游逐段捕取鱼类，捕获的多为草鱼、鲫鱼、黑鱼、鲇鱼、黄颡鱼。

扒勾 这是一种垛田特有的、农民闲时用来捕鱼的工具，由竹柄和勾体两部分组成。柄是两三米长的竹竿，稍粗，刚好能一手握住。勾体的骨架，由竹片做成的两个三角形绑定而成，装上网兜，看上去有点像畚箕。垛田到处都是河沟，这种工具，最适宜在垛圪之间的小河小沟里捕鱼。冬日里，鱼儿懒得活动，菜农也相对清闲。弄一条小船，带上扒勾及鱼篓，登上一个垛子，人站在脚坎上，将扒勾伸入水中，竹柄搁在右肩，双手紧握，用力下按，使扒勾的下口紧贴河底；左脚在前、右脚在后，猛地将扒勾拖上水面，网兜里就会有鱼虾在蹦跳，以鳘鱼、鳑鲏、罗汉鱼、鲫鱼、昂刺鱼（黄颡鱼）、虎头鲨、青虾等小鱼小虾居多，偶尔也会碰上鲤鱼、青鱼、黑鱼等大鱼的。除了河沟，有人也会在湖荡芦滩上,使用扒勾,"扒"鱼"扒"虾。

敲提罾 罾,是捕鱼的网具。提罾,顾名思义,就是可以用手提着的捕鱼工具。选两根有韧性的、同样长短的小竹竿,呈十字形绑牢,弯曲后,用长长的、结实的小绳子将四个竿头扎牢、固定,绳子便成为长方形的"下纲",再装上网片。网片只有四个面:底面、后面、两个侧面,而前面空着,这是让鱼虾进入的"门口"。敲提罾是在船上,那种敞口的小木船。要两个人,一个船头,是"主攻手";一个船尾,为"副攻手"。捕鱼人多选呈"U"字形的垛沟,从外侧开始,船尾之人一手握着短篙,将船慢慢向前撑去,一手以一竹筒有节奏地敲打船舷,这是要惊动鱼儿,让它们往小沟的里面游动。船头的人,左手握提罾,右手抓着一个竹子做成的、三角形的、像个扫帚的"耥子"。将提罾按到水沿下方的河坡,拿"耥子"在罾门前作弧线状快速划动,鱼虾便会往罾网里逃窜,猛地提起提罾,罾网里就有了鱼虾,再一抖落,鱼虾便倒进了船舱里。如此一按、一提、一抖,循环往复,小船慢慢往小沟的内侧移动,到了最里面,往往收获最多。在整个捕捞作业的过程中,"副攻手"都要不停地用竹筒敲打船舷,发出"梆、梆、梆、梆"的响声,所以才叫"敲"提罾。

罩鱼(杨天民 摄)

罩咬籽鱼 每年的梅雨季节,正是鲤鱼、草鱼、鲫鱼的发情期,它们喜欢在雨后的芦滩苇丛中追逐"咬籽"。人们会在雨后的清晨,驶着小船,带着鱼罩,来到湖荡芦滩捕取那些痴情的鱼儿。鱼罩,也叫竹罩,当地人称之为"罩",一种圆形的捕鱼工具,由竹竿和竹篾围编而成,侧看台柱形,竖看是圆圈,一米来高,直径六七十厘米,一般都从竹器店购买。来到有鱼儿咬籽的芦滩,双手举着竹罩倒立头顶,慢慢地、悄悄地向鱼群靠拢,走近了,一个箭步窜上去,同时将竹罩对准鱼群猛地摁下,用力按牢,等鱼儿在竹罩里折腾够了,再用手一一捉出,装进鱼篓或网袋。

崴星 崴星也是用竹罩捕鱼。寒冬腊月,湖荡芦滩周围的浅水区,常有鲫鱼遨游、停憩、晒太阳。早晨,湖荡周边村庄的喜渔之人,带着竹罩,独自一个人撑一条小船,来到湖荡草地的浅滩前,人站在舱中,双腿叉开轮番用力,将船晃动起来,荡起一层又一层的波浪。鱼儿受到惊吓,会甩动尾巴直往泥里钻,搅起一团团浑水。船上的人看到浑水一冒,就知道是鱼,抓起竹罩向浑水团罩去,按着罩口的双手有振感了,罩里有鱼了,俯下身,右手伸进寒冷刺骨的水中,把鱼儿逮上来扔进船舱。

徒 手 捕 鱼

摸"呆子" "呆子"也称"虎头呆子",即虎头鲨。春夏季节,常有虎头鲨趴在一片水草青苔中晒太阳,可以伸手去捉。村庄水码头旁的砖石缝隙里,常有虎头鲨藏在其中,在这些地方捉虎头鲨往往收获较大。特别是虎头鲨产卵后,会有公母一对虎头鲨在此"护窠",最好捉,一窠可以捉两条。

摸鳜鱼 鳜鱼俗称季花鱼,喜欢水面开阔、相对安静、水底清爽的地方,大都在水下半坎上打个小坑塘,作为自己的窝。摸鱼人下水后用双手在泥坎上探摸,碰到比较光滑的小坑塘,多数就是鳜鱼窝了,里边通常会卧着一条季花鱼,双手配合,将鱼捉起。季花鱼的头部、背鳍等处有很多毒刺,只要你碰到它这些刺就会迅即张开,弄不好就会被戳破手指,所以捉季花鱼下手要快、要准,不要抓鳃,要捏住嘴巴。

逮"吃水" 夏秋季节,每逢下雨尤其是下大雨,农田里通常须开圩排水,排水口的哗哗流水会引来成群的鱼儿。在排水口的两侧,分别挖垒出小小的围堰式浅塘,会有跃出水面的鱼儿落入塘中。

拾田螺 田螺是垛田的特产之一,个大,肉肥,味美。田螺多产于湖荡草滩,尤以薄水之下的"荒堡塘"等草滩上的坑洼处为多,捕取方法多为"拾"。拾田螺的最佳季节是春天芦苇荒草刚发芽的时候,可以手提竹篮,脚穿草鞋,踏青涉水,捡拾田螺。

摸河蚌 河蚌,当地人俗称"歪儿"。垛田地区盛产河蚌,河蚌多生于水面开阔的湖荡或水流不断的大河,专业渔民亦有使用专门工具"扒歪儿"的行当,而乡村之人多为"摸"。摸的时候,先是在河间蹚水用脚"忖"(即探寻),发现河蚌嘴子就扎猛子下去,用手将河蚌抠起,放进漂浮在河面的澡盆。

一 鱼 多 法

垛田的民间捕鱼,还有一个非常有趣的现象,就是针对同一种捕捞对象,会有多种捕捞方法,可称为"一鱼多法"。

捕鳅鱼 鳅鱼,学名泥鳅,原为兴化地区所盛产。常见的捕捞方法有张鳅鱼卡、捉鳅鱼、拾鳅鱼,另有用稍网、提罾抓捕鳅鱼的。

其一,张鳅鱼卡。鳅鱼卡,由一根细细的、两头尖尖的竹篾丝,一根2尺来长的卡线,一段粗壮的苇秆组成。先要"挽卡",用一根羽毛管做成套管,将卡的一头插入管中穿上蚯蚓,再将羽毛管退出;张卡,一般在夏秋季节的傍晚前后,选鳅鱼较多的水田、龙沟(灌溉渠)、池塘、河沟,将卡竿插进泥中,第二天大早收卡。

其二,捉鳅鱼。垛田的少数村庄过去也有沤田也就是水田,水田里有很多鳅鱼,常常有人徒手在水田捉鳅鱼。鳅鱼身子滑溜,很难捉,人们会记住"鳅鱼信棒"的秘诀,双手小心伸入水中,从外围慢慢合拢,然后猛地一棒。龙沟、水渠或小池塘里往往也有很多的鳅鱼,可以采取分割打坝的办法,将水刮去,再

池塘捉鱼（杨天民 摄）

捉取泥中的鳅鱼。到了秋后，稻田里没水了，泥鳅也会钻到泥里，可以到田里寻找鳅鱼洞，用手将洞中鳅鱼抠出。

其三，拾鳅鱼。过去稻田中鳅鱼较多，秋后水稻成熟"搁田"之时，鳅鱼会钻进泥中。水稻收获之后，需要耕翻，犁头翻起泥垡就把泥中的鳅鱼翻出，可以跟在犁后，俯拾鳅鱼。

捕甲鱼　垛田地区野生甲鱼资源历来较为丰富，捕取甲鱼的方法主要有张钩、打枪、手捉。

其一，张甲鱼钩。这是常见的捕获甲鱼的方法，春、夏、秋季均可进行。甲鱼钩的制作方法是：用一段两米多长的塑料线，一头拴牢一根绣花针，另一头扣在一段不长的树枝或竹枝上。将猪肝切成小长条穿在钩针上作诱饵。在甲鱼较多的芦荡、河沟、池塘，每隔十来步插一把钩，一般也是傍晚张钩，第二天黎明前后收钩。

其二，打甲鱼枪。甲鱼枪，由枪身、转轮、枪线、枪钩、滑轮和枪砣组成。打甲鱼枪是一种技术性、技巧性很强的项目，必须做到出枪迅速、落点准确、"甩"、"拉"连贯，动作娴熟。好的枪手，不仅有过硬的枪法和反应灵敏的良好素质,还懂得甲鱼的习性,知道什么样的水域有甲鱼。有的枪手还会使用拍手、呼唤的办法,把水下甲鱼"唤"出水面,而后枪起砣落,将甲鱼捕获。

其三,寻甲鱼。根据甲鱼冬眠这一特性,农人会在冬闲时节野外寻找、徒手抓捕甲鱼,地点都在抽干的河沟或鱼塘。寻甲鱼时,用木叉或木棍在淤泥中挨次儿戳,如果戳到硬的物体而且声音闷响,十有八九就是甲鱼。用力按住叉子,然后弯腰去捉。也有不用工具的,直接在淤泥中来回跋涉走动,脚下踩到甲鱼了,再伸手活捉。

捕长鱼　长鱼,学名黄鳝。长鱼的捕取方法较多,有吸、抄、寻、钓等法。

其一,"吸"长鱼。长鱼有打洞、钻洞的习性,麦收之后等待栽秧的田埂旁,垛圪间的小河小沟边,会有许多长鱼洞,大人小孩便专门寻找这样的洞口"吸"长鱼。长鱼洞都有一进一出两个洞口,吸长鱼须两人配合,一人将手(脚)伸进洞里来回运动,以浑浊泥水驱赶洞中长鱼;一人守住另一洞口,一有长鱼窜出,便伸手捉住。

其二,抄长鱼。长鱼特别喜欢在水下草丛活动。抄长鱼,需要一条小船、一副抄网。选一片靠岸的蒿草或是水花生,将抄网伸入河底,慢慢向岸边推进,到岸边时猛地起网,水中长鱼便会落入抄网。

其三,寻长鱼。长鱼多是昼伏夜出,夏日的晚上,便有大人、少年提盏马灯或打着手电、拎个水桶,于田边沟旁寻长鱼。夜晚,长鱼已经离开洞穴,见了灯光也不会逃跑,人们尽可伸手捕捉扔进水桶。长鱼身有黏液,徒手捕捉并不容易,可以使用长鱼夹子。夹子用竹片做成,形状如钳,内侧锉成齿状。也有用叉戳的,戳长鱼的鱼叉与常见的鱼叉不同,是将几根缝被针插在塑料牙刷柄上、再装上竹柄的一种"袖珍鱼叉"。

其四,钓长鱼。钓长鱼的鱼钩,多为自行车辐条一类的钢丝磨尖后,弯成钩状而成。钓钩穿上整条蚯蚓,将钩放入长鱼洞,长鱼吞食时将钩一拉,长鱼即被钓来。长鱼产卵时洞口常常积聚着成团的泡沫,守在洞口,见长鱼把头伸出水面呼吸空气时,将挽着蚯蚓的钓钩在长鱼头的周围晃动、骚扰,长鱼就会猛地扑食而上钩。

捕螃蟹 兴化历来盛产螃蟹。常见的捕蟹方法，主要是扳蟹罾。20世纪70年代，垛田很多农家都在河道两侧设罾捕蟹，那时，到了晚间，主要河道两边的罾篷里亮起马灯，远远望去，就像如今马路两侧的路灯。此外，鱼簖也有捕获螃蟹的功能。而在垛田民间，则有丝网排蟹、水边抠蟹、荒田捉蟹等等。

其一，排蟹。螃蟹的习性是夜间爬行洄游，最为活跃。傍晚，选择一条较为宽阔的河道，将捕鱼的丝网呈"Z"字形张到河里。天黑之后，划着小船，将张下的丝网拎出水面，有蟹则捉住，再把丝网放回水中，双手配合，边提边放，循网而行，俗称"排网"。

其二，抠蟹。螃蟹喜打洞穴居，洞口稍扁、洞外有一摊沙泥的，就是螃蟹洞。用手抠挖使洞口扩大，再伸手进去将洞中的螃蟹捉住。有的人还会"钩蟹"，用一把钢丝做成的"蟹钩子"，伸进螃蟹洞里将蟹钩出来。

其三，捉蟹。芦滩荒田是螃蟹最为集中的地方，到了夜晚，就会有很多螃蟹爬到草滩旁边的水沿处。两三个人撑条小船，带着马灯或手电筒到芦荡徒手捉蟹。螃蟹见有灯光，不仅不会吓跑，还会向亮处靠拢，伸手可捉。手捉螃蟹也得讲究动作敏捷，抓准部位，防止被蟹的大螯钳住。螃蟹爬行很快，极易逃跑，抓到螃蟹后要迅速放进小口瓦坛、收口网袋或有盖铝锅等容器。

拦沟捕鱼（杨天民 摄）

第四辑　八鲜果蔬

垛田过去有"三宝"

过去,兴化地区流传着这样的民谣:大徐垛的麻线,小徐垛的葱,翟家垛的叽菜喊得凶。这民谣说出了垛田当时的主要特产,也便成了垛田的"三宝"。

大徐垛的麻线

大徐垛的耕地不多,过去,一些妇女就搞起纺麻线的副业。

麻线的原料是苎麻。苎麻买回来以后,先放在河内浸泡几天,再捞起来,剥下麻皮。麻皮要用木榔头反复捶打,捶熟了,用勾被针划成一缕缕的细丝。用骨头或木头疙瘩做成绳垂子,将两三根麻丝拧成股,再将两股在大腿上搓成麻线。这时的麻线只是半成品。把半成品麻线放在锅里加进石灰水煮沸,冷却后拿到河边石板上反复捶打、汰洗,麻线就变成白色,经晒干后,拧成"匡",就可以放在竹篮里去街上叫卖了。那时人们都穿布鞋,要钉鞋底,用麻线钉,所以麻线很好卖。

进入50年代以后,兴化城里有了制鞋厂,用机器钉鞋底,又用机器纺成绳线。这是一种以棉纱为原料纺成的专门用于鞋底的粗线,人们通常叫它"鞋棉绳"。有了这种"鞋棉绳",大徐垛的麻线便退出了历史的舞台。

小徐垛的葱

小徐垛位于兴化城东郊,历来以盛产香葱而闻名。据小徐垛的老人介绍,宋朝时,先民在这儿落脚安家、开荒挖垛种菜,就开始种葱了。由此可见,兴化香葱数垛田,垛田香葱数小徐。小徐垛的葱,当属兴化"第一葱"。

兴化地区传统的葱品是"女儿葱"。而小徐垛的葱,当地人叫"课葱"。课葱与女儿葱相比,有三大优势:其一,植株高而粗,一般长度在20～30厘米之间,单株粗细如麦秸,产量当然要比女儿葱高得多,便于较大面积种植,便于上市出售,满足市场需求,菜农也有较好的经济效益;其二,因为植株相对高大,方便了择、洗、切、炸的操作,尤其适合饭店餐饮以及烙制烧饼等食品行业使用;其三,切碎、烧熟后的课葱颗粒大小相宜,色泽鲜艳,很有"卖相",而且口味比女儿葱更为芳香、浓厚、醇正。

课葱的生长特点是不开花结籽,使用宿根分课栽植。采收可以连根拔,也可以用手掐采成叶。每茬的生长期一般为30～40天。

小徐垛人种植课葱的方法较为独特:

精耕细作,对作为移栽的田块提前深翻、耙碎、平整。

合理密植,株距约10厘米,行距约15厘米,5～6根为一株。

精心管理,浇水约5～6天一次,保持一定湿度,既不让葱脱水受旱,也不让田间水分过大;肥料以有机肥为主,重施底肥,底肥多用鸡粪。生长期间每隔10天左右施一次薄水粪。

轮作、晒根,对移栽田块实行轮作,以涵养地力,保证葱的品质与产量;错开栽种茬口,以保证田间作物长年不断,正常供应市场;通常在夏天将宿根拔起,放在太阳下暴晒,以保证宿根的旺盛生长力。

如今,垛田镇普遍种植"垛田香葱",但在小徐垛,菜农们仍然喜欢种植"课葱",课葱也仍然是兴化城里餐饮行业的宠儿。

翟家垛的叽菜

过去,翟家垛有不少人在初夏季节制作叽菜到兴化城里去卖。

关于"叽菜",《兴化方言志》上列有"酸齑菜"词条,而字典上指"齑"为切碎、碾碎之物。叽菜,其实是一种酸菜,其口味人称"酸叽叽"的,还是用这个

"叽"字更为贴切。

叽菜的原料,是俗称"连根菜"的小青菜。将小青菜采回后,择洗干净,水烧开后下锅烫一烫,这就叫"㲃"。这道工序,考究的是掌握水温和时间,既要把菜烫"死",又不能烫过烫烂,要恰到好处。㲃好后将菜捞起沥水,取两只拎水用的水㮾子(一种有把可提的盛水木桶),将菜码放在㮾子里,压实,盖上洗净的稻草把,最后浇上老卤汤,让它发酵一夜,第二天早上㮾中之菜色变青黄味变酸,人们就撑个小船到东门大街,用根扁担挑着,走街串巷叫卖。那时在兴化城叫卖叽菜的,几乎都是翟家人,城里人最喜欢买翟家垛的叽菜。"不怕不识货,就怕货比货",城里的大多数市民从比较中获知,翟家垛人做的叽菜,无论是口味还是色泽外形,都是上乘的。因为翟家人有制作叽菜的传统,有地道的制作工艺,做出来的叽菜酸里透香,脆而不烂,用它做成"叽菜肉圆"或"叽菜豆腐汤",吃起来爽口又开胃。

翟家垛做叽菜,人们吃叽菜,主要是因为那年头蔬菜种植季节性明显,复种指数也不高,五六月份的初夏时节,春菜已罢而夏菜尚未应市,叽菜便弥补了季节交替期间的蔬菜短缺。如今,蔬菜反季节种植,市场流通活跃,蔬菜不管什么季节都能满足供应,叽菜也就渐渐淡出市场。但在翟家,仍有几位老人在这个时节做点叽菜去城里卖,让那些喜欢吃叽菜的人品尝一下这一传统风味。

金色水乡(李松筠 摄)

大蓝小蓝和槐蓝

大蓝、小蓝还有槐蓝,曾经在垛田地区特别是近郊地区广泛种植。它们都是蓝靛类的植物,是提取蓝色染料的主要原料,在我国有着悠久的种植历史,成语"青出于蓝而胜于蓝"即由此而来。《天工开物·蓝靛》有这样的记载:"凡蓝五种,皆可为靛。茶蓝即菘蓝,插根活。蓼蓝、马蓝、吴蓝等皆撒子生。近又出蓼蓝小叶者,俗名苋蓝,种更佳。"《咸丰重建兴化县志》称:"靛:大蓝、小蓝、出城东各垛,浸汁为靛。虽不及建靛之佳,然远近数百里皆赴兴采买,其利甚溥。"

大蓝,即菘蓝,别名大靛、大青,也叫板蓝根,二年生草本植物。其株高40~90厘米,茎直立,上部多分枝,稍带粉霜;叶互生,基生叶较大,叶片长圆状椭圆形,茎生叶较小,长圆状倒披针形,长3.5~11厘米,宽0.5~3厘米,全缘有不明显的细锯齿;花小无苞,直径3~4毫米,花萼绿色,花瓣黄色,倒卵形;果长圆形,扁平翅状,种子1枚;主根深长,外皮浅黄棕色。大蓝的适应性较强,能耐寒,喜温暖,怕水涝。

小蓝,即蓼蓝,一年生草本植物,高50~80厘米,须根细,茎圆柱形、有节,单叶互生;叶柄较短,基部有鞘状托叶,边缘有毛;叶片椭圆形或卵圆形,长2~8厘米,宽1.5~5.5厘米;穗状花序,总花梗长4~8厘米,花小,红色;结瘦果,黑褐色,有3棱。

槐蓝的叶子有如槐树叶,在同类植物中,含靛高,但所制蓝靛品质较差,种植面积相对较小。

大蓝、小蓝和槐蓝均用种子繁殖，需深耕细耙，施足基肥，开沟条播，除草松土，浇水追肥。一般春季播种，秋冬收获，大蓝隔年采收。

这三种植物，都是以茎叶沤制出蓝靛的。《本草纲目》如此描述："蓝靛，南人掘地作坑，以蓝浸水一宿，入石灰搅至千下，澄去水，则青黑色，亦可干收，用染青碧。其搅起浮沫掠出阴干，谓之靛花，即青黛。"而在垛田，人们沤制工具是一种陶制大缸。把割来的蓝靛堆在缸里，加满水浸泡三至四天，将茎叶残渣捞出，再用棍棒反复搅动，致泛起泡沫后，加入石灰水，缸中的汁水就会渐渐变蓝。经过一段时间的沉淀，排水，挖出缸底泥状蓝靛，放于箩筐中沥水风干，便是蓝靛成品，可以直接卖给染坊染布。当然，大蓝、小蓝、槐蓝是分开沤制的，蓝靛颜色亦有所不同。大蓝颜色最好、最深，用于染青布；小蓝颜色稍浅，染蓝布；槐蓝也是蓝色，但颜色较次。

蓝靛还是一种中药药材。特别是大蓝，其根就是大名鼎鼎的"板蓝根"，具有清热解毒、凉血利咽的功效。板蓝根制剂抗病毒的作用最明显，是防治流行性感冒、腮腺炎、乙型脑炎、传染性肝炎等流行性疾病的良药。那时的乡民最喜欢种大蓝，茎叶制取蓝靛，挖出的根还可以送到药店卖钱。

当初的垛田，蓝靛类植物种植较为普遍，很多人家都有用于沤制蓝靛的大缸。一般来说，蓝靛植物装满一缸，其种植面积大约为一分地，能沤制"一缸水"，垛田人便以"几缸水"为土地面积的计量单位，"一缸水"约为后来市制面积单位一分地，10缸水就是1亩地。了尘《上方寺碑记》记载上方寺庙产时，即以"几缸水"为土地计量单位："朗祖买岸共四条，计水六十二缸……"兴化《刘氏族谱》亦有"上佃（即上甸）有岸一条，计十五缸水"的记载。这种计量方式虽然不够准确，但对于垛田这种特殊耕地来说也有一定的道理：垛，形如小岛，是一种立体的耕地，除了一个平面，通常还有4个坡面，都可以种庄稼。假如按照大田的平面丈量方法来计算垛田面积，那就相去甚远。所以，这种特殊的土地面积的丈量方式和计量单位，在垛田沿用了相当长一段时间，直到现在，不少中老年人谈起土地面积时，习惯上还是说：我家土地少啊，就是8缸水，他家多，有20多缸水。由此可以推断，垛田种植蓝靛的历史已经很长很长了。

在垛田，蓝靛种植最早、面积最多的要数何家垛，家家都种，每户人家门外都有几只用于沤制蓝靛的大缸。这里也是兴化地区染布行业的发源地,很早就办起了染坊,沙姓人家开染坊的最多。后来,由于化学染料逐渐代替了植物染料,蓝靛市场萎缩,垛田的蓝靛种植大约在 20 世纪 50 年代逐渐消失,何家垛沙姓染坊也先后搬进兴化城。

蓝靛在我国仍有种植,西南地区的壮族、傣族等少数民族还有以蓝靛染布的习惯。

最数高产油菜籽

油菜,也就是油菜籽,油料作物,垛田人习惯上叫"菜籽",曾经是垛田的主要越冬作物。

早在元代,兴化便开始栽植油菜。新中国成立后,兴化的油菜籽生产一度闻名全国。1958年3月11日,《人民日报》在一篇报道中称兴化县是"全国生产油菜籽产量最高的县";随后,四川、陕西等7省油菜参观团来兴参观;同年10月,国家农业部和农垦部分别发来贺电,祝贺兴化取得油菜、中稻高产。这当中,垛田的贡献最大。据《兴化市志》记载,1956年全县的油菜籽生产中,"垛田种植面积占70%以上"。1959年2月,江苏文艺出版社出版的画册《兴化的油菜》,专门介绍了垛田大凌沟油菜籽生产情况;1959年6月30日,新华社发出专讯,报道"兴化垛田张皮大队348.88亩油菜平均亩产油菜籽159.5公斤,比去年增产29%"。此后,中央新闻电影纪录片厂曾经到垛田拍摄了油菜籽生产的专题纪录片。自此,"垛田油菜,全国挂帅"的美誉便流传开来。

遍地生长的油菜,成就了壮观的"垛田春色"。每逢清明节前后,灿烂的油菜花在千垛万圬之上盛开,远远望去,恰似金螺落玉盘;荡舟其中,人在画中游,花香扑面而来。20世纪70年代,著名摄影家吕厚民先生拍摄了多幅垛田油菜花的照片。随着这些照片陆续在国内外发表、获奖,壮观奇丽的垛田春色被世人所知,引来一批又一批的文人墨客观赏采风,拍摄、吟咏。1995年4月,原上海"一大"纪念馆馆长张成之在游览垛田春色后,欣然写下"河有万弯多碧水,田无一垛不黄花"的著名题句。

漂洋过海一香葱

垛田,除了享有"千岛之乡"、"油菜之乡"、"蔬菜之乡"等等美誉,还是著名的"香葱之乡"。眼下,你来垛田随便走走,映入眼帘的总是一片碧绿。垛圪上、大田里,到处是葱,到处郁郁葱葱。

香葱,本名大葱,百合科葱属的一个品种,多年生宿根作物,以假茎和嫩叶供食用,是重要的调味类蔬菜,千家万户一日三餐,高档酒宴山珍海味,都离不开它。

垛田香葱(李松筠 摄)

如果只把香葱看作调味品,那就太委屈它了。其实,它不仅有丰富的营养,而且有较高的药用价值,富含碳水化合物、维生素、纤维素、磷和蛋白质,它特有的硫化丙烯,既能促进食欲,又能杀菌,还能预防风湿病。现在又有研究表明,常食香葱可减少胆固醇在血管壁上的沉积,阻止血液中纤维状凝结,有预防心血管病的效用。

垛田人栽植香葱的历史已无从考证。人们只知道这葱的根、葱的苗是上代传下代、一代又一代传下来的。

过去长葱零打碎敲。家前屋后、院内盆中,栽上几棵、几行,肯定是自家或邻人烧菜用的。也有供应市场用来卖钱的,哪家种上一两分地就不算少了。

"人民公社"时,葱多的生产队也就是一两亩。卖葱,也是小买卖:挑担蔬菜进城,带上一两捆葱,一根两根、一分钱两分钱地卖。长得多的,几户人家合起来装上一大船,顶风冒雪、摇橹划桨,行上一二百里,到北边的盐城、建湖一带,或"卸行"——卖给当地的蔬菜行,或"打贩"——卖给小商贩。碰上好市,五分钱一斤,弄个百儿八十块钱回来过春节,一家人准会欢喜得烧香磕头放鞭炮。算算账,长葱要比长青菜来钱,这种可比效益使得垛田香葱逐年增多,菜农便把更多的葱卖到更多的地方,更多的地方也就更多地吃上垛田香葱。

人们喜欢垛田香葱,是因为它色泽鲜艳,质地柔嫩,辛香浓郁。同传统的小徐垛"课葱"相比,香葱产量更高、效益更好,易于大面积种植,而且纤维多、肉质肥、口感好、耐炸、耐煮、便于烹饪;同山东大葱相比,垛田香葱显得纤巧而润泽,口味上也要温和许多。2006年8月,国家质检总局批准"兴化香葱"、"垛田香葱"同时成为国家原产地保护产品。

垛田香葱之所以具有如此优良品质而得到人们的青睐,其奥秘在于独特的自然条件和独到的种植技艺。垛田地处北纬32°40′、东经119°43′的江北里下河腹部,分明的四季、温和的气候、充沛的降雨,是香葱生长极好的气候条件;垛田这种奇特的岛状耕地,面积不大,通风好、光照足,四面环水、易浇易排,是香葱生长的最佳环境;垛田又是由湖荡沼泽地堆积而成,土质疏松,含有多种微量元素,这样的土壤条件更是香葱的理想摇篮。大葱虽是西亚遗种,不求奢侈落地生根,但垛田人侍弄它倒是费心费力的——讲究密度适中,讲究干湿相宜,施肥以有机肥为主,治虫以人工捕捉为主,如此精心周到,葱儿能不长好? 即便是"伏葱",在艰难的炎夏季节,垛田香葱也能长得青枝绿叶。近年来,不少农户采用套种轮种的方法,一年三茬,亩产香葱超万斤,每亩葱田的年纯收入超过6 000元。目前,全镇香葱种植面积已占总面积的70%以上,年产香葱在20万吨左右。

垛田香葱的大规模种植,是受了加工工业的带动。早在20世纪60年代后期,垛田镇办起了第一家蔬菜脱水加工厂,香葱开始成为脱水产品,走出国门、出口创汇。进入90年代后,食品工业高速发展,国内外对脱水香葱的需求量越来越大,客商纷纷到垛田定购产品、寻求合作。垛田人紧紧抓住这一商机,脱水加工企业有如雨后春笋般出现在垛田大地上。仅王横一个村,在1993

年到2000年这短短的7年时间内,就办起了30多家私营脱水厂。这样,面向市场办企业,围绕企业种香葱,20 000多亩种植基地与50多家加工企业形成了产加销、贸工农的"一条龙"。目前,全镇每年香葱的加工产品达10 000多吨,年销售额1.36亿元,上缴国家税收2 460万元,产品远销美国、日本、韩国、新加坡、中国香港、中国台湾等30多个国家和地区。"垛田香葱,世界通用"并非戏言。

脱水厂的香葱加工车间(李松筠 摄)

垛田芋头甲天下

金秋十月,垛田便到了芋头的采收时节,人们挖的挖,割的割,掰的掰。大大小小的芋头被装进蛇皮袋,一袋又一袋的芋头被装上小船,千船万袋的芋头送进蔬菜行,又被来来往往的大卡车运往四面八方。芋头,是垛田的大宗作物,5 000亩的栽植面积,每年大约有17 500吨的芋头供应城乡市场。

芋头,学名芋,天南星科芋属多年生块茎植物,常作一年生作物栽培,在我国栽培历史悠久,西汉《氾胜之书》上就有了记载。自古被视为重要的辅助粮食和救荒作物,如今则成为人们的常食蔬菜。其肉质粉,气味香,口感滑;含有碳水化合物、蛋白质、多淀粉、黏液皂素和其他多种营养成分;其性平味甘辛,入肠胃经,能益脾胃,调中气,软坚散结,化痰理气。其貌不扬的芋头,竟然集食用、营养、药疗价值于一身,又特别耐贮藏,难怪男女老幼都喜欢。

芋头的分类繁复,品种很多。广西有荔浦芋、横田大芋,广东有龙洞旱芋;四川有乌脚芋、莲花芋,云南有弥渡大头芋;浙江有奉化大芋艿、乌梗芋,安徽有茶瓶芋、红心芋;湖北有紫杆芋,上海也有白梗芋。在我们江苏,就数靖江的香沙芋、兴化的垛田龙香芋和子香芋了。

垛田芋头当属佼佼者。论个头,它在芋头大家族中属于中等身材,比大块头纤巧,比小家碧玉大气;论长相,龙香芋扁圆中透着敦实,子香芋长圆而不失肥硕,不管是龙香芋还是子香芋,一概鳞皮棕褐、表皮光滑,模样俊俏、惹人喜爱;论品质,它粉而不松,细而不腻,松软中有着筋力,清香中透着绵甜;论耐性,将它的鳞皮晒干后放在通风之处,贮放上一年半载是不会坏的。由此而推断,假如搞一次全国乃至世界芋头大比拼的话,垛田芋头肯定拿金牌。

垛田芋头之所以如此优质,是因为它生长在垛田这块土地上。垛田,为岛状耕地,大小不等,方圆不一,形状各异四面环水,光照充足通风良好,易于浇灌难有水渍。垛田,又是由沼泽草地开垦堆垒而成,土质疏松富含营养。这些得天独厚的地理地貌地质条件,成为芋头等瓜果蔬菜生长发育的最佳摇篮。

垛田芋头如此优质,还因为,垛田人种蔬菜有着悠久的历史和丰富的经验,对芋头的栽培有一套特别的方法,垛田人对芋头也有一种特殊的情结。在垛田,在所有的蔬菜品种当中,芋头的种植面积最多,在田时间最长,管理要求也最高。而垛田人哩,就像抚育孩子那样,在芋头身上倾注了大量的心血和汗水。

看看留种吧。外地芋农都是采用窖藏法贮种,而垛田人则独创了"搁置法"。经过精挑细选的种芋先在太阳下晒两天,再移到室内种床上贮藏。种床,是在房梁上或者闲置的小屋里,用竹棒木棍搭架,垫上芦帘,种芋就平铺之上。不要以为就这么束之高阁了。在近半年的贮存期间,至少要把这些种芋全部翻动两遍,同时剔去个别坏的。入冬后,还要在种芋上用一层草帘覆盖起来,保温防冻。这样保存的芋种,难得坏,出芽率高,生长后劲足。到了来年早春时节,还要对种芋进行催芽,将它们撤离种床住进苗床。苗床,选一块避风向阳的地方,挖一个1米多宽、30厘米深的长方形浅坑。坑中先铺上一层特别制作的营养土,把种芋顶芽朝上,一个挨一个排列起来后,再覆上一层薄薄的细土,每天浇水,夜里冷时还要在苗床上盖好草帘。一般到了5月份油菜籽收获之后,种芋长出了两三片叶子,再用手一个个扒出来,移植到准备好的田块里。

看看施肥吧。芋头在田期间,是需要大量肥料的,垛田人通常是以有机肥为主。准备移栽的地里,按一定的行株距,挖成一个个的小坑,小坑里先要施以人畜粪或草木灰作基肥。芋苗成活后,要浇两次薄水粪。垛田人最喜欢给芋头苗铺水草,他们从河沟湖荡里搅来一船又一船水草,用一把一把的水草将芋苗根部围起来,往往要铺两三遍。这水草确是好东西,遮阴保湿又肥田。到了盛夏,芋头梗叶长高长大了,这时也是最需要肥料的时候。垛田人就会到湖荡里或扒或挖,弄来一船船的苲(音 zha,河泥与水草的混合物,过去垛田常用的有机肥料)铺到芋头行间,既肥田又培土壅根,一举两得。

芋头,是喜湿怕干的作物,浇水,成为芋头田间管理的主要环节。芋头在田150来天,除了下雨,天天要浇水。移栽初期,每天要"点浇"一次水,也就是用水斗子舀水,一棵一棵地浇。待芋头梗叶长到一尺来高时,仍是每天一次水,那就要用戽水瓢来泼洒,垛上人叫"戽水"。到了七八月份的高温季节,芋叶长得蓬蓬勃勃了,每天得浇两次水,上午一次,下午一次。赤日炎炎之下,地面晒烫了,水也晒暖了,人蹲在屋

村民在收获芋头(李松筠 摄)

里都出汗,何况在烈日之下,在没风的垛旁芋丛中,拼着力气一瓢又一瓢地、机械地挥动着手中的戽水瓢!三下两下,你就会上气不接下气,汗水从头滚到脚,湿透汗衫短裤,湿透脚下的泥土。芋头,简直就是喝垛田人的汗水长大的。当然,现在机械化程度提高了,种田的人家大都有一台戽水机,浇芋头很少再用戽水瓢了。而高温时节头顶烈日、脚踏热土、出力流汗还是少不了的。

垛田人不仅培育出了优质的芋头,而且会用芋头烧制出美味佳肴来:芋头红烧肉,芋丁豆腐羹,还有芋头烧扁豆、芋头烧萝卜、芋子鸡块等等,都是老少皆宜的农家菜。毛芋头菜粥、焥(读 wò,方言词,一种烹饪方法)芋头,更是地道的"垛田美味"。垛田人的年夜饭是少不了芋头这道菜的。垛田人说,大年三十吃芋头,来年处处遇朋友。

2012年上半年,中央电视台播出的纪录片《舌尖上的中国》受到观众的热捧,其中第七集《我们的田野》以较长的篇幅介绍了垛田芋头的生长、收获及主要烹饪方法,垛田芋头随之名扬天下。这部片集摄制组于2011年9月在垛田芦洲村拍摄的。

现将该片的部分解说词节录如下:

地处长三角北端的江苏兴化水乡,仿佛一片被时光遗忘的土地。盛夏的正午,夏俊台和王元凤把船划进了湖荡,给一种嗜水的高大蔬菜进行浇灌。他们脚下这块样貌独一无二的土地,叫垛田。

各种葱茏的蔬菜中,身形魁梧的芋头是绝对的多数。四面环水的垛田,恰好能够满足这个物种最大的嗜好:喝水。每天,老夏要给芋头浇两次水,每次浇够一个多小时才能保证芋头的需水量。

在中国经济最活跃的地区,祖居兴化农村的夏俊台,可能是家族中最后一位从事农作的人。但这并不影响他安然享受这里的一切,天然的垛田、芋头以及他和妻子的家。

乌羊佳蔬有萝卜

萝卜，是人们喜爱的蔬果。它含有丰富的甙类、糖类、树脂和多种氨基酸，种子可用于制肥皂或作润滑油。种子、鲜根、叶均可入药，功能下气消积。生萝卜含淀粉酶，能助消化，很多人都有生吃萝卜的习惯。

我国的萝卜栽培历史悠久、地域广泛，明代时已遍及全国，形成了许多优良品种，有东北红萝卜、潍县萝卜、天津青萝卜、如皋萝卜等。在兴化，萝卜的传统品种主要有穿心红、西瓜红、白捏颈，后来又引进了南京白等新品种，主要产地在垛田，而垛田又以乌羊萝卜最佳。兴化城乡蔬菜市场供应的白萝卜，以乌羊萝卜为主。

乌羊垛是垛田镇杨花村的一个自然村，人口976人，耕地面积206亩。村民自古以来就有种植萝卜的传统，尤以白萝卜出名。目前，乌羊垛大多数人家都种白萝卜。

乌羊所产白萝卜俗称"白捏颈"，是萝卜家族中的优良品种，其表皮白嫩滋润无瘢痕，外形圆头细尾、中等个头大小均匀，肉质紧密脆嫩水分足，口味甜中带麻，可当水果生吃，亦可做成菜肴，或制成凉拌冷菜、腌制成萝卜干。

乌羊菜农萝卜种植技艺的独到之处，主要是自己留种、合理密植、水肥适当、重视病虫害防治和适时采收。

自己留种，是为了保证品种的纯正。在秋季萝卜收获时，挑出一部分长势旺盛、萝卜个头较大、表皮不癞、形状圆而不尖的，连根带叶，栽到向阳避风的田块上。留种的萝卜清明开花，芒种成熟、收获。将种秸用刀割下，铺在庭院地上晒,待籽荚干脆后,用木棍捶打,过筛,飏净,收藏。所留的种子最多只用两年。

合理密植,是为了保证产量和品质。萝卜播种时,撒种要均匀。当萝卜苗长到 10 厘米左右、长出 4 片叶子的时候,就间苗,棵距 8~10 厘米,不能过密,过密只长叶不长根(地下萝卜头);也不能过稀,稀了,萝卜头容易开裂,也影响产量。

水肥适当,才能保证长势良好。萝卜生长离不开水,从播种到成熟,都要适时浇水,土壤保持一定湿度。但是,萝卜又不能受渍,水浇多了会影响其正常生长。乌羊人的经验是,夏天每隔 3~4 天浇一次水,春秋季 5~6 天浇一次水,基本原则是见干见湿,土干了就要浇水,否则萝卜就长不大,会有癞皮。萝卜生长也离不开肥料,但又不能施肥过多。他们的要领是"重底轻长",即在播种前施足底肥即基肥,基肥一般用鸡粪。在生长期,一般施两次肥料。第一次是在间苗之后,施一次薄水粪。第二次是在萝卜"下头",也就是根部隆起变白的时候,施肥量可以重些。

重视病虫害防治,是保证萝卜高产高质的重要一环。一般来说,萝卜的病虫害较多,长好萝卜,防治病虫是关键,特别是春、夏两茬。乌羊人的方法是,首先,在下种前整地的时候,就用"地力灵"等药粉撒拌到土壤里。在萝卜生长期,发现有虫子就打药水,或者人工捉虫。

适时采收,也是乌羊人的主要经验。春季的萝卜,一般在下种后 70 天采收,夏季一般 65 天,秋季在 55 天左右。采收时间不能太早,早了,萝卜没成熟,口感不到位,分量也轻;采收时间也不能太晚,过了最佳采收期,萝卜就会变老、空心、外皮开裂生斑,质量下降,影响上市销售。

过去,乌羊村民一年只种一季白萝卜,现在为满足市场需求,提高单位面积效益,他们在冬季采用地膜覆盖或塑料大棚,一年可种三茬。乌羊人培育了上佳的白萝卜,萝卜种植也给他们带来了可观的经济收入。

小小韭菜名气大

韭菜,是百姓人家餐桌上常见的蔬菜。垛田是兴化地区韭菜主产地。而在湖西口,韭菜种植面积多、产量高,收益也好,算得上是韭菜种植专业村。这里出产的韭菜,品质优良,口味纯正,看上去鲜嫩碧翠、"身材"匀称,很受兴化城乡以及周边县市居民的欢迎。湖西口韭菜之所以名声响亮,一方面是垛田这种岛状耕地为韭菜提供了优良的生长条件,另一方面是这里的菜农在长期的生产实践中积累了丰富的经验,具有独到的种植管理技艺。归纳起来,有四个"精心"。

精心留种:韭菜一般在秋天开花结籽。选定一块长势良好的韭菜地,夏天后期不再收割,准备留种。秋后韭菜籽成熟,用手小心地将种茎上的韭菜籽撸下,适当晾晒,装进纱布口袋,作为次年的种子。纱布口袋,既能通风也能防止蚊虫叮咬,被蚊子叮过的种子就不会发芽了;还要挂在家中使其保持通风,不能闷着,捂闷着的种子会影响发芽率,影响长势与品质。种子只用本茬新采的,不用隔年陈的。

精心育苗:韭菜虽是多年生植物,但湖西口人最多长三年,就要遗弃老根,另育新苗。下种一般在清明节前。苗床先要深翻晒垡,再多次挖翻破垡致细碎、整平,施足基肥。种子先要挑选,再浸水催芽。播种时,要撒得均匀,人边撒边向后退。播种后即浇第一次水,须轻浇细洒、透而不汪,最后苫上一层薄薄的水草或稻麦秸。此后,依天气和墒情,每隔2~3天浇一次水,保持一定的湿度。出苗后,将所苫之草去掉。待小苗长到5~6厘米的时候,间苗,施一次薄水粪,以后每隔10～15天施肥一次。

　　精心移栽:韭菜苗的移栽一般在下种40～50天后、秧苗长到20厘米左右的入梅前进行。选一块前茬未种过韭菜的土地,挖翻晒垡,平整,施上基肥,浇上河泥,每隔6～7米挖一条小沟,形成畦床,以便于浇水和降渍。按行距25厘米、株距10厘米下栽,每株5～6根小苗。栽后正常浇水。

　　精心管理:夏天时,于大早或傍晚浇水,他们叫浇"凉水"。新栽苗醒棵(即成活)后,于行间铺上水草或稻麦秸。如是水草,以后还要铺一两次,而且到收割期,每割一刀都要铺一次水草,或上一次泥渣。移栽后约一个月,施一次薄水粪,以后每割一刀,都施一次粪肥。韭菜苗移栽后3～4个月,到农历十月,可以开割第一刀,此后大约每月割一刀。

　　湖西口人割韭菜一般在清早带露水割,割下的韭菜码放整齐,再用稻草细心捆扎。这捆扎也有两种:直接零卖的,扎成小把,每把1斤左右;准备批发的,捆成大捆,每捆10斤左右。

　　过去,湖西口韭菜多为零卖。将扎成小把的韭菜装上小船,行驶到附近乡村叫卖,几分钱一把。也有直接"以物易物",一只鸡蛋换一把韭菜,或者一斤米换两三把韭菜。到了"人民公社生产队"的时候,一般将大捆韭菜装上大船,近的,送到兴化东门,卖给蔬菜公司;远的,送到扬州、泰州、东台、盐城等地,或卖给蔬菜公司,或卖给小商贩,这就叫"出门"。"出门"卖韭菜很辛苦,多在下午采割,傍晚装船,装满堆好,盖上草帘,随即开船,几个青壮劳力或划桨、或摇橹,轮番换班,连夜赶路,保证在第二天清晨前赶到目的地出售。如今呢,村里开了几家蔬菜行,也通了公路,村民割下的韭菜,直接送到蔬菜行,那里早有远近商贩等着,随即装车运走。

　　韭菜原产于我国且种植历史悠久,《山海经》中就有了野韭菜分布的记载,《诗经》中有"献羔祭韭"的诗句,杜甫《赠卫八处士》中有"夜雨剪春韭,新炊间黄粱"的诗句。韭菜于公元9世纪传入日本,后传入东亚各国乃至美国、欧洲。至于垛田及湖西口的韭菜种植历史,目前尚无确切的文字记载。但他们总是认为,自从有了垛田、有了湖西口,就有了蔬菜、有了韭菜。

　　韭菜含有挥发性的硫化丙烯,具有独特的辛辣味和香气,有促进食欲的作用。一盘韭菜炒蛋、韭菜炒肉丝或韭菜炒百页,端上桌来,色彩嫩绿,辛香扑鼻,开胃下饭。做一碗蛋花汤,将清炒韭菜搛一团放入汤中,这汤好吃又好喝。这里人常吃白煮河蚌肉,烧熟时加入韭菜,味道特别鲜美。时下饭店酒局多了,酒后吃饭,不少人还是要点一盘炒韭菜,有的直接点来韭菜炒饭作为主食。

  韭菜还有很好的药用价值,《本草纲目》有"韭籽补肝及命门,治小便频数、遗尿"的说法,《本草拾遗》中也称韭菜"温中,下气,补虚,调和腑脏,令人能食,益阳,止泄白脓、腹冷痛,并煮食之,叶及根生捣绞汁服,解药毒,疗狂狗咬人欲发者;亦杀诸蛇、虺、蝎、恶虫毒"。有人把韭菜叫做"壮阳草",似乎言出有据。看来,多吃韭菜尤其是湖西口韭菜,是大有益处的。

第四辑

八 鲜果蔬

芦洲西瓜叫"呆子"

芦洲西瓜的名声曾经叫得很响。当时,芦洲人把自产的西瓜用船运到姜堰、泰州等地叫卖,因为个头大,分量重,遂被泰州等地人称为"芦呆子"。

"芦呆子"究竟何时广泛种植于芦洲,已难以考证。据当地84岁的老人王兆淦说,听上辈讲,明朝洪武年间,高邮堤溃决,兴化地区大部分原住民被洪水冲走,朱元璋便以苏州阊门居民补充兴化人口。周、毛、刘等姓氏人家相继来到芦洲,开垦荒地,使当地农业生产逐渐恢复,在种植用于染布蓝靛的同时,间种西瓜。"芦呆子"便开始在芦洲生根发芽,一直传了很多年。

"芦呆子"的种植,有一套独特的程序。比方选种,是在瓜田里选定最大的西瓜,从中挑出最大的种子,用草木灰将瓜种拌和做成小饼,贴在墙上,经晒干后贮藏入罐中。来年清明过后,再将"种饼"下水淘洗,去灰留籽,准备育秧。育秧的方式也很特别——把不用的破木船悬空放置于岸上,里面铺上一层河泥。待河泥搁置稍硬后,用刀划出方格子,再在每个方格的泥块中放入三颗种子,用草木灰覆盖。一个月后,幼小的西瓜苗开始冒出土壤,此时正值油菜籽刚成熟的季节,芦洲人在菜籽丛中分出路来,按照行距六尺、株距四尺的规格,用铁锹挖出小塘,将幼苗栽入塘中。以后每天浇水,每七天还要浇"薄水粪"一次。所谓"薄水粪",大约按1∶3的比例加入河水。粪水不能直接浇到苗上,要浇在幼苗周围的土壤中。三伏酷暑天气,还要用水草覆盖在秧苗周围的土壤上,谓之"布水草"。小满过后油菜籽拔尽,要对西瓜秧培土、施肥,以促进西瓜苗的成长。待有细藤生出,还要挖来泥土"压藤"。7月份,西瓜苗逐渐长大成形，开始开花、结蒂，此时要"打纽"，即摘去多余的、不健康的瓜蒂。8月份立秋以后，"芦呆子"成熟，人们可以看到那瓜田里躺着一个个硕大的西瓜。它的个头也真是大，每只"芦呆子"，最小的10多斤，最大的50多斤。每亩可收三四千斤。当然也有歉收年份，影响丰歉的主要因素是天气，忽冷忽热、过旱过雨或突降暴雨，都会导致西瓜等瓜果类蔬菜的减产。

采收"芦呆子"完全靠人工，一人在田里拣成熟的瓜摘下，摘下后抛向站在田边的人，田边人眼疾手快顺势接下，再扔给船上的人。也有的摘下后直接扔向不远的小沟，任其在水上漂浮，最后捞上船来堆放舱中。不怕西瓜损坏？不怕。因为"芦呆子"皮厚，所以耐碰撞、不易破碎，这也是人们称其为"芦呆子"的另一个原因。

摘下后就要卖。芦洲人将辛辛苦苦种植的"芦呆子"用船运到周边各大城镇批发给行老板，获取一笔汗水浇灌的收益。

"芦呆子"其实也不"呆"，它的口感还是不错的。"芦呆子"分为"花皮"和"梨皮"两个品种。"花皮"为红瓤黑籽，有"红瓤黑籽赛砂糖"的美誉；"梨皮"为黄瓤红籽，外皮呈梨皮色。"花皮"也好"梨皮"也罢，它们都有一个共同的特点，便是鲜甜爽口，使人食之难忘。

如今的"芦呆子"已经不再广泛种植，在芦洲也很难找到面积较大的瓜田，只留下一句"芦洲西瓜叫呆子"的俗语，还在老百姓中广为流传，似乎还给"芦呆子"留下一丝甜味。不要说芦洲，现在整个垛田，西瓜一类的瓜果已经很少种植了，当年昭阳十二景中描绘的"两厢瓜圃"胜景已难寻觅。

纤巧白嫩连根菜

连根菜,就是小青菜、青菜苗,南方人叫做"鸡毛菜"。因为收获时连根拔起,出售时也不去根,兴化人习惯上叫它"连根菜"。因是菜苗,梗部白嫩,菜叶青翠,看上去小巧玲珑,鲜嫩可爱,很受人们的欢迎,是家庭主妇的常用蔬菜。连根菜多用于烧汤,一碗"连根菜豆腐汤",一青二白,清淡宜人;下面条时锅里放些连根菜,并不鲜亮的面条中增添了色彩,增添了口味,也叫人增加了食欲,还增加了一份营养。若将其切碎加盐,即刻便可做成"洗手咸菜",加上酱油、香醋和芝麻香油,会让你胃口大开,是早餐里最佳小菜;用这种咸菜烧豌豆,豌豆会变得愈加鲜美;用它来烧豆腐,既下饭又下酒。兴化人常吃野鸭、野鸡、野兔等野味,野味中倘若少了这种咸菜,口味就会大打折扣。所以呢,连根菜是兴化地区千家万户厨房必备之物。

连根菜很娇嫩,不便于远途运输,只能就近种植、就近上市,垛田便成为兴化城乡连根菜的主产地、主供地。而垛田的绰口荡离城最近,也就成了兴化城区连根菜需求的主要生产者和供应者,成了垛田全镇种植连根菜历史最长、面积最多、品质最好、技艺最高的村庄。技艺高在何处?一般村庄的菜农只在春秋两季种植连根菜,而这里的菜农,不仅在春秋季节种植连根菜,在炎热的夏天,火辣的骄阳下,他们照样种、照样长、照样卖。冬季,万物凋零,蔬菜难以生长,如今他们又借助塑料大棚种出连根菜来。

绰口荡人种连根菜是有一套独特方法的。

留种很有讲究。连根菜的种谓之"火青菜",于头一年的10月底留种。菜种要用透气的袋子装,以防止菜籽出现"耳鸣",影响日后的出苗和产量。老农多采用隔年的陈种,这样的种子发芽好,产量也高。

种植连根菜的菜地也考究。首先,菜地要轮种,不能一茬种完接着种,那样种出来的连根菜难管理、产量低,品相也不好。其次,播种前,要对菜地多次挖翻、晒垡,最后平整,还要施足基肥、浇盖河泥。等河泥将干未干的时候,用铁锹划出一条条缝口。其次,播种要沿着铁锹划开的细缝,均匀撒种。这撒种就得凭经验、凭功夫了:将一撮种子握在掌心,食指伸开只留一丝缝隙正好让菜籽从中滑出。最关键的,是要撒得匀,不能稀,也不能密。稀了,连根菜长不高,产量低;密了,就会长得又瘦又长。下种以后,每天浇水三次,出芽后即可视气候及天气情况,干了就浇水,不干不浇水。菜农浇水,使用的农具是垛田特有的"戽水瓢",人站在垛圪下面的边坎上,戽水瓢将河沟之水舀起后用力泼出,变成一股水花,就像雨点一样落向植物。而对连根菜浇水,更讲究舀得少、水点细、落地轻、洒得匀,否则,要么将菜浇死,要么那菜趴在地上,成了"弯根菜"。施肥呢,过去多用粪水,现在多用化肥,其要领是一"稀"二"少"三"勤"。稀,粪水也好、化肥也罢,都要用水兑稀;少,每次施肥用量要少;勤,就是勤施肥,多施几次。

连根菜从播种到收获,一般50天左右。在温度较高的夏天,下种后18~20天即可采收。采收连根菜一般都在傍晚或者天刚拂晓,也有夜里进行的。菜农将菜一棵棵轻轻拔起,摘去旁枝黄叶,再用稻草拦腰扎成一把。扎,也有三大讲究:一讲"齐",将菜理顺、撂齐;二讲"当",用力均匀,松紧得当;三讲"形",每把菜的体量、分量七不离八,而且扎得扁扁的,让人看了养眼。绰口荡的连根菜因为土壤适宜,方法得当,管理精细,种出的连根菜株高大约25厘米,长短一致,肥

锄禾日当午(顾晓中 摄)

第四辑 八 鲜果蔬

瘦适中,体态匀称,色泽鲜艳,口感极好,确是菜中精品。

连根菜是以"把"为计量单位出售的,货多价低时,每把几毛钱,行情好时,每把能卖到两块钱。绰口荡的菜农出售连根菜通常有两种方式:将菜直接卖给做蔬菜生意的行老板,价钱肯定低于市场零售价,但可将所收之菜一次性出手,省事。也有一些村民,把连根菜用箩筐扁担挑着,或用三轮车装着,到城里走街串巷,喊一声"卖连根菜哟——",便可牵动无数人对于那一份美味的渴望与期待。

神奇垛田

"青菜大王"大头青

兴化有一道乡土名菜,叫"老咸菜烧肉",与绍兴的"梅干菜烧肉"同样美味。绍兴的梅干菜多取材于秋末冬初的芥菜,而兴化的老咸菜则由"大头青"制作而成。

兴化人素有入冬腌咸菜的传统习惯。买来垛田人叫卖的几捆大头青,洗净晾干,拿来一棵青菜先在木盆里往菜心撒盐、轻揉,再码放在咸菜缸里,放满了,压上一块石头,以后每隔几天翻弄一次,直至腌"熟"。这种咸菜可以随时从缸里取出,洗净,切碎,直接生吃,清脆爽口;也可下锅加作料炒熟,口味会变得鲜美。这种咸菜不能过夏,否则会变酸、腐烂。到了来年春末夏初,吃剩的咸菜就得捞出,挂在绳上用竹竿挑起放到室外日晒夜露,干了以后切碎置入坛中,封坛储藏,便成了"老咸菜"。这种老咸菜,可以长期储存,而且时间越长口味越香,煮出来的颜色通红。在杨家荡,在垛田,在兴化城乡,很多人家都有这样的老咸菜,有的甚至藏有二三十年的。

大头青,也有人叫"大棵子青菜",是兴化地区特有的一种青菜,也是垛田常见的田间作物,一般秋天种植,冬季小雪节气前后收获。它的个头很大,成熟后单株的高度一般都在80厘米左右,长势好的可达1米开外,半人多高,亩产可达万斤,称之为"青菜大王"并不过分。

在垛田杨家荡,过去种植大头青面积多,产量高,品质好。他们在留种、育苗、移栽以及田间管理等各个环节很有一套。

先说留种吧。在每年收获时,选一些个头不大但很匀称的大头青菜株,切去上部的茎叶,只留根部的菜心,栽到专门的留种田。留种田需要反复挖翻,碎细整平,施足基肥。移栽后,要经常浇水,保持一定的湿度,开春后还要施肥、浇河泥。到5月份的"小满"时节,将菜籽收下,晒干储藏。

再说育苗。每年秋季"处暑"之后,便要取出种子下种育苗,垛田人称为"种菜秧子"。种子先"浸芽",在水中泡一夜,次日清晨放在竹制器皿中晾干,再拿到作为苗床的田里播种。苗床事先要整理一番,其过程跟留种之地相仿,但耕作得更细、更平、更肥。撒种与种连根菜一样,要求密度适中撒得匀。为便于掌握,多在菜籽里掺入细土,一般每25克种子拌100克细土。播种后的苗床管理,与前述的种油菜籽菜秧以及连根菜相似,勤浇水、勤施肥,对浇水的要求就是洒得匀、浇得轻。其间,还要间苗两到三次。

下种一月后便可移栽,此时菜秧子的高度在20～30厘米。拔菜秧子前,要适当浇水,保持一定的湿度,以便起苗不伤根;拔菜秧子,要动作轻、码放齐,不要弱苗、弯苗。用于移栽的大田,同样要经过挖翻、晒垡、平整、施基肥。由于大头青成熟后的植株较大,故栽得要稀,一般行距60厘米,株距15厘米。这里人栽菜(垛田人叫"秧菜")很有功夫,蹲在地里,用把"韭菜刀",两手配合,刀到苗落,边栽边退,而且不用拉绳开沟,照样栽得横平竖直、间距得当。移栽后的田间管理,与种植其他青菜差不多。但杨家荡人,更加注重干湿相宜,注重勤施有机肥料,所以他们这里产的大头青不仅产量高,而且品质好,极受城乡百姓欢迎。用这种大头青腌制的咸菜,叶青梗白,肉质厚实,脆嫩可口。

每逢初冬季节,杨家荡菜农将大头青装上木船,堆在船舱,高高的,方方正正的,上面苫着草帘,或荡桨,或摇橹,披星戴月,日夜兼程,虽然辛苦,但也会享受丰收的乐趣。每逢他们喊起"大头青卖呦",少妇老妪会簇拥上来,不一会便被抢购一空。那时,他们不但在兴化地区销售,还远销到扬州、泰州、东台、盐城等地。

如今,这里以种植香葱居多,大头青越来越少,人们也更多使用雪里蕻腌制咸菜,但不少中老年菜农提起"大头青",还是会说出一套套种植的诀窍,还会讲起出门卖菜的一个个有趣故事。

第五辑　五彩文化

民舞奇葩高跷龙

在垛田镇的高家荡，至今保留着这一古老而又璀璨的民间艺术——高跷龙舞。

高跷龙舞，是一种将踩高跷与龙灯舞融为一体的舞蹈形式，也就是踩着高跷舞龙。它既有踩高跷的惊险，又有舞龙灯的热烈；既讲究个人的技巧，又讲究群体的配合；既可以在街巷巡游，又可以于空旷场地表演。对表演者来说，他既要练就扎实的踩高跷的基本功，又要掌握舞龙的技巧要领；既要身强力壮有足够的力气，又要心灵身巧有艺术的才气。这是一项高难度、高"耗能"、完全依赖家族传承的艺术种类，虽源于古代、传于民间，倒也算得上民间艺术中的"尖端技术"、"珍稀品种"。目前，还没有看到我国其他地方有关高跷龙舞的报道与推介，垛田高跷龙极有可能是"独家经营"，甚而"中华一绝"。

高家荡高跷龙队在表演（李松筠 摄）

龙，历来被奉为神灵之物，是中华民族的象征，中华儿女都是龙的传人。舞龙灯，早在殷周时期便有雏形，经世代相传、八方沿袭，成为我国流传最广、品类最多的民间艺术和传统习俗。踩高跷这一民间表演形式在我国源远流长,相传尧舜时代的丹朱氏族就有了模仿仙鹤舞姿的踩高跷,《山海经》中也有"长股国"人以木跷缚腿在浅海中捕鱼的记载。

高家荡人从祖先开始就有了踩高跷、舞龙灯的活动。到了清朝乾隆年间,受乾隆皇帝下江南的影响,他们村创办了庙会"都天会",每年农历五月初五端午节期间举行(现已改为正月初九、初十两天)。后来,前人高德文为了丰富庙会内容,提高文艺表演难度,增强庙会吸引力,第一个提出了将踩高跷和舞龙灯合为一体的大胆设想。他进兴化、上盐城,拜高手、访艺人,反复揣摩、刻苦练习,言传身教、训练队伍,终于形成"高跷龙舞"这一独特的艺术形式。高跷龙舞在高家传承两代后,被张安方的曾祖张明礼等张姓人家接掌。20世纪40年代,张安方、张金方弟兄继承父业,与吴兆喜、王兆奎、孙凯祥等人一起,成为高家荡高跷龙队的第六代传人。60年代,随着庙会被禁,高跷龙队亦停止了活动。1994年,高家荡庙会恢复举办,张凤山、张祥来、张祥华、杨家明、史正标等人成为新一代高跷龙舞表演艺人。

高跷龙舞所蹬高跷由杉木制成,高度为1米左右;所舞之龙与里下河地区常见的龙灯舞的龙相同,竹骨布衣,龙头、龙身、龙尾共11节。与普通龙灯舞不同的是,高跷龙前没有龙球(龙灯)引路,动作的变化、套式的转换全由掌龙头者带动指挥。至于动作套式,与兴化地区流行的龙灯舞基本相似。当然,毕竟表演者踩着高跷,一般只有大花、小花、纯阳背剑、九连环4套。高跷龙舞表演者的服饰,早期为上穿白褂,下穿蓝花裤,头勒白巾,腰系红带。现在一般头扎毛巾,黄褂红裤,脚穿球鞋。高跷龙舞无论是行进还是表演,均有锣鼓乐队相伴,行走或过场时一般为长锣,上套式为紧锣。

每逢庙会或重大节日,高跷龙便在横幅、彩旗的引导护卫下,于喧天的锣鼓声中,沿着大街小巷一路逶迤而来。表演者脚踩高跷、手举长龙,长龙摇头摆尾,如在天空中遨游,观众远可眺望全貌,近可仰视神采。遇有人群聚集的开阔地带,或有人放鞭炮"接龙",高跷龙队便停下来,圈场地、闹锣鼓、上套式。一时间,人在跷上舞,龙在空中翻,那场景真是扣人心弦,精彩非凡。1996年春节,垛田高跷龙队亮相兴化城,街上巡游、广场表演,成千上万市民竞相前往观看。同年3月,在兴化市第二届农村文艺汇演中,高跷龙舞被成功搬上舞台,并获优秀演出奖。最精彩的是,在演出高潮时分,全场切光,好似一条闪亮的巨龙在夜空中腾飞翻滚,亦真亦幻,神奇莫测,全场顿时爆发出长时间的热烈掌声。原来,他们别出心裁,在龙的双眼及龙衣内安装了很多电灯珠,手握的竹竿里装着干电池和开关,当全场切光一片黑暗之时,人们便看到了发光的、舞动着的龙。

  高跷龙舞确是一种古老而又极具观赏性的民间艺术,是垛田祖先遗存的一笔宝贵的文化财富。二百多年历尽沧桑,一路走来流传至今,实在是个奇迹。欣赏品味之余,你会感慨于祖先的智慧、乡民的坚韧和高家荡人的执著。然而,可能由于高跷龙舞难度太大,掌握这项技艺需要付出太多的辛劳,现在的年轻人大多不愿意传习,这项艺术面临失传的危险。所幸的是,各级政府开展了非物质文化遗产的调查、挖掘与保护,高跷龙已经列入兴化市和泰州市的非遗保护名录。相信通过政府的保护和民间的努力,高跷龙舞这朵艺术奇葩将在水乡大地长开不败。

一张一弛判官舞

在垛田的庙会中,人们都会看到判官舞。

芦洲的文武判官舞表演(吴萍 摄)

判官舞由古代的傩舞演变而来。傩舞起源于原始社会的图腾崇拜,商代形成了一种固定的祭祀仪式,至周代演化为身着兽皮、头戴面具、执戈扬盾、驱逐疫鬼的"十二兽",后来又发展为装扮将军、门神、判官、钟馗、小妹、六丁、六甲等人物,依据一定的情节而手舞足蹈。

兴化早期为大型湖盐盆地,经历了海湾—潟湖—湖沼的地质演化,最终形成水网平原,而这里的先民则以盐业、狩猎为生,但因地势低洼,经常遭受海水倒灌之灾。唐代"安史之乱"以后的唐大历二年(公元767年),淮南节度使判官李承主建常丰堰,阻挡了海水的倒灌,兴化的生产、生活得到较快的发展与改善。为纪念这位为民造福的判官,兴化本土的傩舞逐渐演变成"判官舞",用以表达人民群众崇敬先贤、祈神降福、驱鬼逐疫的愿望。判官舞借鉴了戏剧艺术,具有了一定程式和动作规范,并分化为"文判"与"武判"。

文判,又称"走判",迎会队伍中列武判之前,以"官步"在地面行走。扮演者头戴判官面具、身着蟒袍彩裤、肩披坎肩、背系风圈、脚蹬乌靴,一手执斗笔、一手执"生死簿",遇有"路祭"或放鞭炮欢迎者,即停下表演相关动作,主要动作有大开门、小开门、掸尘、托魁、斟酒、三跪九叩、苏秦背剑、太公钓鱼等。

武判,又称"台判"、"抬判",迎会时,表演者立于木制"判台"上,摆动双臂,由4名男子抬着行走。其装束打扮为:头戴英冠,腮挂长须,身穿"长靠",面部用油彩化妆成武官脸谱。武判的表演动作主要在判台之上,有白鹤亮翅、金鸡独立、倒挂金钩、翻扑倒立、童子拜观音等。遇有"路祭",武判则需跳下地面,表演击鼓、叩拜、牵马、撞钟、跌叉、筋斗、扫堂等。

判官舞是兴化地区特有的民间舞蹈,有着相当的艺术价值和深厚的群众基础。在1956年和1964年,兴化判官舞曾两次参加江苏省民间舞蹈会演获好评;1986年在扬州市民间文艺汇演中获奖。后经整理,入编国家文化部编纂的《中国民族民间舞蹈集成》。

垛田的村庄上有多班庙会,庙会中大多有判官舞表演,其中尤以芦洲文武判官最为出色。芦洲自从举办庙会以来,便有判官舞的表演,并且历代沿袭相传,文武搭配齐全,装扮规范齐整,动作套路丰富惊险、扣人心弦。当今文判扮演者翟福志、武判刘玉等人,均为祖传真教,功夫动作到位,表演极受欢迎。此后他们在政府的帮助和引导下,将高跷、文判、武判、头锣大伞编排成完整的表演节目,以"兴化市民间艺术表演队"的旗号,参加扬州琼花节的民间文艺表演,在瘦西湖熙春台连续上演,受到众多中外游客赞赏,报纸、电视、电台等媒体纷纷给予报道。这些民间表演节目还在每年的春节或国庆节选送进城,参加街头巡游演出,为节日的城区增加了喜庆气氛,广受居民的欢迎,并多次得到了兴化市委宣传部的嘉奖。

独树一帜农民画

神奇垛田

艺术,归根到底是大自然的恩赐,艺术家则是大自然的宠儿。从古到今,无数文人墨客在垛田留下了足迹,留下了讴歌自然、吟诵田园风光的图文诗篇。垛田的绮丽风光给历代文人平添几份艺术灵感,而墨客骚人又给垛田人带来了艺术的熏陶。美丽的自然风光,深厚的文化底蕴,艺术家的潜移默化,成为垛田民间艺术的肥沃土壤和阳光雨露。所以,垛田这片土地上,不仅盛开着美丽的油菜花,而且盛开着艺术之花,绘画、刻纸、剪纸、表演等带有泥土芳香的民间艺术传播久远,百花争艳。垛田农民画,就是民间艺术园地盛开的一

垛田农民画作品(吴萍 摄)

朵奇葩。

垛田农民画源自民间绘画。早期的垛田人有不少是来自苏州的移民,其中不乏工作于绘画、刻纸、裱扎的民间艺人。在这些民间艺人的影响和带动下,垛田的民间绘画开始起步并逐渐活跃。有人认为,出生于下甸村的清代著名书画家、"扬州八怪"代表人物郑板桥先生,正是受了这种民间艺术的熏陶而潜心书画艺术,最终成为一代宗师,而郑板桥的艺术成就又鼓舞了民间艺人,垛田民间绘画更加活跃。

20世纪90年代,当地政府及其文化部门按照"挖掘、继承民间绘画传统,努力建设特色文化乡镇"的指导思想,通过建立组织、举办展览、培训交流等方法与途径,着力于书画艺术的发展和人才的培养,一批骨干脱颖而出,李玉书则是其中的代表之一。

他出生于垛田镇芦洲村。在垛田,芦洲既是人口大村,也是艺术之村,历代均有众多从事绘画、剪纸、木刻、表演的民间艺人。正是受了这些民间艺术的熏陶与感染,他从小就爱上了绘画。中学毕业后,他参加相关才艺的培训,拜师求教,从线条、色彩等基础开始,掌握了较为扎实的基本功。他潜心钻研,大胆探索,努力将民间绘画、水粉画以及中国画技法融于一体,形成了独具一格的"垛田农民画"。垛田农民画与陕西户县、上海金山、江苏淮安等地的农民画相比,虽同属农民画画种,却有着自己的风格特点。在题材选择上,垛田农民画以表现农村现代生活或田园风光为主,作品源于生活、高于生活,具有较好的立意和一定的思想深度;在表现手法上,运用中国画散点透视的技法构图,用民间绘画的古朴憨拙的线条造型,用水粉画的手法敷色,线条古朴而又多变,色彩鲜艳而又和谐,构图简洁而又活泼。作品主题突出,想象丰富,构思新颖,色彩鲜明,既有浓郁的生活气息,又有民间的传统意韵;既富观赏性,又具装饰性。后来,他又大胆创新,使用宣纸作画,解决了美术纸农民画易掉色、难装裱的问题。

垛田农民画是年轻的。也正因为年轻,她充满了活力,有了自己的一席之地。作品多次参加全国、全省的展览或比赛,均获较好评价。1993年初,垛田镇与上海浦东新区北蔡镇联合举办了书画展览,垛田农民画走进上海浦东;

1995年江苏省首届农民画大赛中,《卖菜姑娘》入选,作品在省美术馆展出并被收藏;1996年,李玉书参加全国"环保杯"书画大赛,《自然之韵》荣获三等奖,由中国大方科画廊收藏,该作品及作者简介被收入新疆出版的1997年《跨世纪书画精品》怀历;1997年江苏省"临淮杯"首届全国农民画大赛中,《乡恋》获优秀奖;1998年,《消息》入选江苏省首届群众美术活动周展;1999年,在江苏省举办的第二届全国农民画大赛中,《自然之韵》获铜奖,《蚕桑曲》入选;2000年,《龙腾》入选"迎接第六届中国艺术节暨江苏省第二届群众美术活动周"群众美术书画摄影作品展;2002年,《中国龙》获江苏省首届农民艺术节铜奖;2009年,作品《农家乐》获"庆祝新中国成立60周年江苏省第五届农民美术书法作品大赛"优秀奖;2010年4月,在首届中国农民艺术节"中国农民画精品展"中,《四季春》、《放风筝》获优秀奖,《丰收曲》、《菜根谈》获入选奖。对于这些成绩,对于垛田农民画,报纸、电视等新闻媒体多次作了报道。

垛田农民画,只是一朵初绽花蕾,显得有些稚嫩,需要培植,需要发展。垛田镇已经组建"垛田农民画研究会",旨在以研究会为平台,培养骨干,壮大队伍;筹建农民画作品销售机构,扩大市场影响,拓宽销售渠道,逐步形成文化产业。可以预见,垛田农民画这一绚丽花朵,不久将盛开在垛田大地。

破卷残书入画来

"拾破画"这个名词,在当今时代,不要说普通百姓,就是美术界也很少见闻了;在垛田,很多人都知道,徐兴海专画这种画。

拾破画,也叫"拾破小品",古称"锦灰堆",兴化人俗称"破卷残书",也称"打翻字纸篓",属于国画艺术工笔类的特色画种,始创于元初的绘画大家钱选。据传说,有一天钱选醉后兴起,当场以散落在饭桌上的剩菜残物为题材,信手绘成一幅横卷。一旁的友人见了,个个称奇,争相索求,钱选不假思索,挥笔题款"锦灰堆"。经过钱选及后人的不断探索与完善,"锦灰堆"逐渐形成一种独特的画种,所画内容通常为古旧字画、虫蛀古书、废弃画稿、各类书画拓片以及扇面、信札、文书等物。画中杂物件件呈现破碎、撕裂、火烧、虫蛀、沾污等破旧不堪的形状,但以一定的件数、一定的章法排列组合,作品古朴典雅,令人耳目一新,常被用于商铺门面、市民居室、馈赠礼品或存放收藏。

"60后"的徐兴海,出身于垛田镇杨花

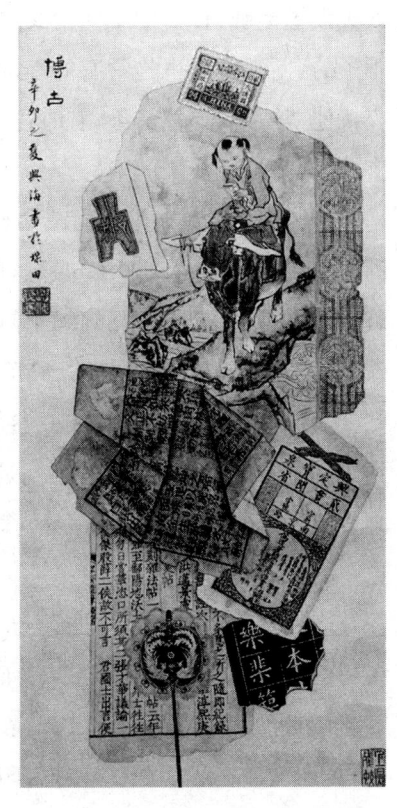

徐兴海拾破画作品(吴萍 摄)

村大徐垛一个普通农民家庭,小时候的一场小儿麻痹症,使他落下了左臂残疾。厄运面前,徐兴海选择了抗争,硬是凭着一只右手学习绘画,经过多年苦心研习,如今已经成为兴化地区唯一一位拾破画作者。

还在读小学的时候,一次,史得英老师讲了郑板桥的故事,竟使徐兴海对绘画产生了浓厚兴趣,从此,放学一回家就是学画画,有时竟不知不觉画到深夜。初中毕业后,他一边在家干家务,一边学习水墨画。为此,他还买来了《中国画技法》《林泉高士人物画谱》《百子图集》等绘画书籍,一有空便仔细阅读,反复临摹,还常常到兴化城拜访名家,虚心讨教,几年后,他的水墨画画艺已经逐渐成熟。

当时,他的父母对他学画很是反感。也难怪,由于他们年过花甲,家境贫寒,就靠种田维持生计,而成人的儿子没有收入只能靠他们抚养生活,还要花钱买纸墨笔砚,日常的生活中又常常痴迷画画,忘了烧饭洗衣,如此,数落是免不了的,撕画砸笔也是常有的事,他也曾几度灰心放弃。史得英老师倒是非常支持他,常常劝导他父母,有时还掏钱给他买书买纸和买颜料。有了史老师的支持,他坚持了下来。

1988年,他到兴化博物馆参观书画展,其中一幅与众不同的画作引起了他的浓厚兴趣,一经打听,才知道这叫"拾破画"。回家后,他找来了有关介绍拾破画的书籍,又借来了几幅兴化钮传礼的拾破画作品认真揣摩,从此开始了拾破画艺术的艰苦研习。功夫不负有心人,到1991年,他的拾破画已经日臻成熟,也就是这一年,他的拾破画参加了"江苏垛田与上海北蔡的书画联展",受到了上海书画家们的青睐;也就是从这一年开始,他的画有人买了,虽然每幅画只卖很少的收入,虽然产品不多,买的人也少,但对他来说,能够有点收入,也是莫大开心的事情。

徐兴海的拾破画,师古而不囿于古。幅面上,有长屏条山,也有横方小幅;结构上,则有4破、6破、8破、10破之分;笔法上,采用中锋工笔,精描细画;内容上,均为古书旧画、残卷破页,破卷残书之中,有仕女人物、山水花鸟、楷书狂草,而且,这些字画、书卷、票据、印章等等,属于何时何代、何人所有所书所制,均有根有据,绝不凭空捏造;布局上,所画物件大小不一、或方或圆、形态各异,但主次分明、错落有致、呼应照顾、形散神聚。更绝的是,那些破残之物,破有破相、蛀有蛀眼、折之有痕、渍之有斑,乍一看,俨然破旧杂物贴在纸上,几可以假乱真。

  他成功了,不仅有了一定的经济收入,还收获了很多的荣誉——1995 年、1997 年,作品入选"江苏省第一、第二届农民画大赛";2001 年,作品入选"江苏省首届农民艺术节",另一幅作品被台湾收藏家陈光殿先生收藏;2009 年,获"江苏省第五届农民画大赛优秀奖",《天下太平》在"江苏省第四届残疾人职业技能竞赛技能成果展"中获优秀奖;2010 年 1 月,作品获泰州市"庆元旦"群众美术、书法、摄影作品展入选奖;2011 年 6 月,参加"泰州市'迎党庆、颂党恩'残疾人书画比赛"荣获三等奖。

  虽然成功了,但他还是那个略显拘谨、木讷的他,照样在那座低矮破旧的小屋里,俯身破旧的方桌上,暗暗的光线下作画,晚上照样睡那踏板。毕竟,一个月只能画出两三幅作品,收入有限;毕竟,他喜欢"破卷残书"这门传统艺术。2010 年夏天,他患上急性肾病住院治疗,是领导们和几位热心人帮他又渡过了难关。现在,他的病并没有得到根治,还需不断地服药,但他却没有被病魔所打倒,依然坚持作画,依然用心作画。他说,只要能站着,能握笔,我还是要画下去。

民俗文化看庙会

庙会在全国各地世代延续，历久不衰，且屡禁不止，已经成为我们民族传统文化的一部分，成为一种古老而又鲜活的社会文化现象。它既是宗教的，又是世俗的，充分反映了农民群众祈求风调雨顺、五谷丰登、人口太平的朴素愿望，以及自我组织、参与节庆、自娱自乐的心理表达。把庙会归纳为民俗文化，最为恰当。

庙会在我国流传已久。自从东汉时期佛教传入我国后，便有了庙会。最初是为了祭祀，人们到庙中敬神拜佛，祈求神灵保佑；后来寺庙和商贩都想趁人多的机会做点买卖赚点钱，于是庙会之日就增加了贸易活动；以后，庙会为了提高观赏性、增强吸引力，又融入了文化娱乐活动。最终，集拜神、买卖、娱乐于一体，成为各地庙会的普遍模式。

兴化地区的庙会大约始于明代，盛于清代。清嘉庆年间，兴化官府与民间组织共同发起，将小型庙会予以整合，在兴化城组成"都天会"、"龙王会"、"城隍会"三班大型庙会。此外，城区及郊区还有"三官会"、"东岳会"、"小龙王会"、"蚂蚱会"、"斗香会"、"观音会"等小型庙会。

受城区的影响与带动，垛田不少村庄办起了庙会。据了解，垛田各地庙会创办于清代，20世纪60年代停办，1993年以后相继恢复。这些庙会分别是：芦洲"东岳会"、高家荡"痘神会"和"都天会"、北腰"文昌会"、张皮"祖师会"、绰口"三官会"、王横"都天会"，还有"做会不迎会，敬神不迎神"的乌牛、三羊两地的"土地会"。

（一）

各村迎神庙会，虽所迎神位、人数规模、队伍结构、礼仪习惯不尽相同，但主要程序都有清街、约驾、点卯、请驾、出会、收会等环节。

清街　庙会前一天，由马皮头扎红布、口含钢锥、手执铁杖，另有一人跟随敲锣，将迎会队伍要走的道路巡查一遍，如发现有障碍之物，马皮会停下以铁杖指着，敲锣人会大声呼喊，要有关人家立即清除。其实这"清街"还有另一层意思，即告知众人"明日迎会"。

约驾　于庙会举办的前一天晚上，由庙会主持人、分会负责人，以及判官、乐队人等，跪拜神像之前，祷告明日几时请驾出巡，保一方平安。之后，一般还要给菩萨洗尘更衣。其时，三牲供奉，点香燃烛，鸣炮奏乐；信徒道众跪拜叩首，连夜诵经。

点卯　约驾后的午夜时分，也就是庙会当日子时前后，于神像所在的大庙里，由主持人手持庙会成员花名册（常为村庄里16岁以上男性村民），按照顺序逐一点名，每念一姓名，便有人应一声"有"。花名册上所载全体"会员"，必须每人点到，但不要人人到场，多由所属"分会"负责人代应一声。

请驾　即将神像请上"出巡"所坐神轿。首先要给神像换上出巡服装，接着举行"马皮穿锥"仪式，再就是文判、武判前来朝神。神像被专人从神座抬下坐上神轿后，八名差役打扮的轿夫和八名换杠轿夫，列队于神轿两侧，待命抬驾出巡。

出会　出会时间常在中午。到了预定时间，迎会队伍按照一定顺序、一定路线，缓缓前行。一般头锣在前，彩旗横幅、硬伞软伞随后，接下去便是乐队、龙队、腰鼓队、莲湘队、挑花担、挑茶担、荡湖船、踩高跷、打花鼓、舞河蚌，和合二圣、八仙过海、香亭花篷、大头娃娃、丫叉小鬼、五人墓等等。最后，便是菩萨神驾，神驾前有头戴衙帽、身穿黑衣、肩扛"肃静"、"回避"木牌、手握皂板的"皂班会"护卫，马皮殿后。

收会　迎会队伍沿着街巷走遍村庄后，便返回庙中"收会"。收会的仪式相对简单,将神像从神轿重新抬回神台,换回"日常服饰",马皮卸去脸上的长锥,大小会长、马皮、文判武判人等再次顶礼膜拜燃香烛,敲锣打鼓放鞭炮,至此,庙会活动结束。

(二)

垛田各村庙会中,马皮、头锣、香亭、万民伞、文武判、五人墓等人、物节目都是不可或缺的。

马皮 有人亦称为"马弁",是庙会上最神秘、最恐怖、最吸人眼球的人物。马皮的扮相就很特别:上身赤裸,下穿红色短裤或长裤,头扎一条红布条,脚穿一双草鞋或球鞋。"马皮穿锥"(俗称"上大印")很吓人。这锥,是一根长长的不锈钢钢钎(过去是铜质的),直径约3毫米,一头弯成圆环,一头尖尖的;也有长短之分:短的约40厘米,用于头天"清街";长的约1米,用于庙会迎神。"穿锥"之时,摆起香案,敲起大锣,马皮于神佛面前踢跳腾挪、烧香叩拜、口念祷语一番后,接过一旁伺候的酒碗猛喝几口,将那锥高举头顶,再在旁人帮助下,将锥尖从右侧脸颊腮帮刺穿而出,令人惊悚不已。庙会队伍行进时,这马皮赤裸上身,手持铁杖,脸颊穿一根长长的钢锥,再有敲锣人一路敲锣吆喝,很是可怕。最可怕的,是马皮手中的那根铁杖(也叫铁鞭),1米来长,10来斤重,上有铁环,拖在地上哐哐作响,据说,谁要是碰上它,或是碰上那锥,轻则倒霉晦气,重则性命难保。所以,不管是马皮清街,还是马皮开道、马皮护驾,无人敢挡也无人敢违。

头锣 一种特大型铜锣,直径约120厘米,专门用于迎会队伍前面开道,一般4面一组,每面头锣由两个清代士卒打扮的壮汉用扁担或木棍抬着,前面的人只管走路,后面那人还要手握粗壮的锣棒,边走边按照一定的节奏和点数敲打大锣。这头锣敲打起来,苍劲、粗犷、雄浑、悠长,"哐哐"之声令人震撼,方圆一二里之外的深街背巷皆能入耳。

香亭 一种亭阁式木器,一般高2米,分上下两层,重檐飞角,亭内置双耳铜质大香炉一尊,内焚香气浓郁的大香,由4人抬着随队伍行进。香亭过处,观会人等纷纷向亭内投掷钱币等香火钱,换来几颗糖果糕点。这糖果糕点是专门留给家中小孩的,据说吃了会消灾得福、长命百岁。

万民伞 用竹木为架、黄色绸缎围就的圆形伞幔,上面写着参会人员以及对庙会作出贡献人员的姓名,一层层、一圈圈、密密麻麻,有成千上万,故曰"万民伞"。万名伞虽然不算重,但体积较大且上重下轻,多由两名壮汉轮换扛着。

文武判 即判官,手握斗笔、"生死簿"、地上行走的叫"文判",一般在前;站立于台架之上的为"武判",在文判之后。据说这判官,既是菩萨神灵的部将,为菩萨神灵保驾,又能降妖捉怪,为民众百姓消灾祈福。前面已有专文介绍,这里不再赘述。

五人墓 由五人装扮,均五花大绑,背插处斩牌,站立笼车中,前有"兵卒"领路,后有"刽子手"压阵。节目所表现历史事件是:明朝天启年间,魏忠贤残害东林党人,派骑尉往苏州捉拿周顺昌,引起民愤。颜佩韦、杨念如、马杰、沈扬、周文元五义士发起数万人包围知府衙门,后遭镇压,五人罹难。"然五人之当刑也,意气扬扬,呼中丞之名而詈之,谈笑以死"(张溥《五人墓碑记》)。事后,周顺昌葬于兴化竹泓,周顺昌及杨念如后裔避难到兴化。昭雪后,张溥作《五人墓碑记》以记之,故兴化地区的庙会中均有这组节目,意在再现五义士视死如归的场景,以鞭挞丑恶,弘扬正气。

(三)

垛田的几班庙会各有千秋。

芦洲庙会称"东岳圣会",于每年农历三月二十八日举行。芦洲是垛田最大的村庄,人口近8 000人,因而这里庙会的规模最大,组织结构也相对完善。全村设有"总会",为庙会的核心机构;按东、南、西、北原行政村范围,设有万福、祈福、幸福、得胜4班分会;4班分会之下,共有72班小会;登记入册及参与迎会的有900多人。每次庙会,迎会队伍前后绵延500多米,从出会到收会,村庄走一遍,要4个多小时。规模大、队伍长、节目多,五光十色,丰富多彩,很

芦洲庙会(吴萍 摄)

有看头。最出色的,是他们的文判武判,动作规范,表演精彩,一招一式,像模像样。芦洲庙会创办于清代,1993年恢复,是全镇第一家恢复的庙会。当年恢复庙会还有一段小插曲:春节前后,村里有人在积极发起重办庙会。农历三月,乡领导经研究,派出20来人的工作组开进芦洲,搞宣传、做工作、收缴器具,不让举办。谁知到农历三月二十七,即庙会日的前一天晚上,几百名村民涌进工作组驻地芦西纸箱厂,反对阻止行动,强烈要求如期办会。迫于群众激愤情绪,工作组连夜撤回。次日,芦洲庙会恢复举行。

高家荡庙会很特别,它是"一庙两会",会期两天。第一天迎"痘神菩萨",据说是纪念余化龙及他的五个儿子;第二天迎"都天菩萨",说是纪念张巡的。这里庙会表演节目中最有看点的,就是前面已作介绍的"高跷龙",踩着高跷舞龙,算得上"绝活",其他地方是没有的。除此,便是上百只的花灯,五颜六色,形态各异,俊男少女提着,一路走来,让人眼前一亮。高家荡庙会创办于清代,恢复于1994年,原来的会期是农历五月初四、初五两天,现在已经改为正月初九、初十。200多年来,庙会历尽沧桑,时断时续。20世纪40年代,一位叫做张鹤展的族主发起恢复已经停办多年的庙会,终因民力孱弱,勉强应付,落下笑谈。一首民谣描绘了当时情景:

高家荡,活受伤,
笆斗挽子迎通庄。
簸箕做遮阳,
粽子吃得剩个汤,
婆娘盯住汉子咽,
气得打掉六扎缸。

　　王横庙会也是"都天会",于每年农历六月二十日举行。前些年,曾经将会期改为正月二十,据说后来几位庙会负责人都得了病,问卦方知,"都天菩萨"不同意改期,于是改回原来的日子。王横庙会与众不同的是庙会、灯会、戏会"三会齐出"。庙会之日,下午迎会;晚上,打扮得花枝招展的少女手举各种蔬菜灯、12生肖灯,在村里巡游展示,有锣鼓、乐队伴随;庙会期间请戏班、搭台子、唱大戏,有时请不到戏班子还要"抢班子"。王横人对他们的庙会还有个说法,就是每到迎会结束菩萨回庙登堂之时,必有一阵降雨,人称"沰都天"。

　　绰口庙会叫"三官会",是敬奉"三官菩萨"的。原来一年三会:正月半、七月半、十月半,现在改为农历正月初五。据说,这"三官菩萨"来自东海,自己有匹马(当然凡人是看不到的),有一年迎会结束刚回到庙前,銮驾还有人抬着,菩萨就飞起来,自己回到神座,就是那马驮的。"三官菩萨"平时专门降魔捉妖、治疯病,有发疯的病人送到此庙,求个"仙方"就好了。还说,这"三官菩萨"得罪不了,曾经有个庄人在庙里指着菩萨骂坏话,随即,倒在地上,手脚僵直,动弹不得,说是被菩萨捆了,几位"道奶奶"(信奉佛教的老年妇女)又是烧香又是念佛,求了半天,那人才得以脱身。绰口庙会很有意思。会期当天早上,有四位身强力壮的小伙子,只穿短裤和草鞋,抬着庙里的"令官菩萨",先在村庄主要大街奔走一遍,而后来到庄前的大河边,抬着菩萨直冲河里,上岸后再奔跑,奔跑后再下水,如此来回三趟。这叫"令官菩萨下河",据说可以预测当年汛期的水位高低。收会了,主持人还要让人抬着令官菩萨,用杠头在大桌上面"写字",你问什么,他就"写字"回答什么,不过,这"字"一般人看不懂,能"看懂"的人也早已过世。

前面提到,乌牛、三羊两地"做会不迎会,敬神不迎神"。"做会"的过程一般是:会期的头天傍晚,祭祀敬神,挂榜树幡,晚饭后由请来的"香火班子"吹吹打打说唱戏文,通宵达旦;会期的早上"出坛",香火班子敲锣打鼓在街巷巡游,表演小型杂技,并挨家挨户逐一造访,在大门旁写上"太平"二字,说是帮助百姓人家打扫驱邪,保佑人口太平;中午,家家户户宴请亲友宾朋,为"正席",席后"散会"。

第六辑 十里乡风

四 时 八 节

与其他地方一样,垛田人十分重视传统节庆,这些节庆活动会有各不相同的内容和程式,而且一直延续至今。然而,"百里不同风,十里不同俗",垛田人的节庆习俗与兄弟乡镇相比,有些是特立独行的。胡朴安《中华全国风俗志》关于兴化的辞条中,就记载了垛田的一些独特习俗。

春 节

春节这一传统的节日,对于垛田人来说有它独特的庆祝方式。垛田人的春节不是从吃年夜饭开始的,而是从农历腊月初八开始,到十六夜结束,除夕和大年初一是春节的高潮。

腊八 腊月初八相传是释迦牟尼放弃王位,出家修行,为救众生脱离生老病死,历经苦难终于成佛的日子。每逢这一天,垛田人就会家家用米、豆等谷物和枣、栗、莲子等干果煮成粥来喝。人们称这种粥叫做"腊八粥"。喝"腊八粥",既是为了纪念释迦牟尼的成佛,也是表达人们祈求吉祥、丰收的美好愿望。在垛田,至今仍有"喝了腊八粥,子孙好享福,骑上高头马,住进大瓦屋"的说法。

祭灶 腊八过后,便是"二十四夜"祭灶的日子。据说,腊月二十四这一天,灶神爷要到玉皇大帝那儿,汇报人世间一年来发生的事情,为人间祈求平安幸福,所以每家每户都要为灶神爷送行。这一天中午,垛田人不烧饭,到了

欢乐的节日（李松筠 摄）

晚上才烧出比平时要多的饭，晚饭菜自然少不了青菜豆腐汤。垛田人在祭灶前总要先盛一大碗"灶王饭"，放上豆腐、红枣，寓意富裕、吉祥。然后把灶王饭敬供在土灶灶头灶君画像前，画像两侧贴有"年年上天宣好事，月月下界保平安"的对联。接着，填写"灶疏"，"灶疏"是用黄纸折成信封一样，封面上印有"东厨司命灶君张公九龄之神位"的字样，信封里面有一张印好的"信件"，有红色的字样，也有黑色字样的。送灶人只要按照上面的提示写好自家的地址、姓名及日期并"送灶大吉"就行了。信封的后面写上"人口太平"、"四季安康"、"五谷丰登"、"六畜兴旺"等。最后才是祭拜：先点上香、烛，后烧了灶疏，再放鞭炮。虽然现在不少人家的厨房里没有了土灶，但这种祭拜形式仍然没有改变，只是祭拜的地点改在了堂屋。

掸尘 就是打扫家庭卫生。过去垛田人掸尘一定要在立了"大寒"节气以后才能进行，因有"大寒之内百无禁忌"的说法。如今人们的思想观念和生活习惯有了改变，一般在进入农历腊月二十之后就开始掸尘。人们会把家中不用的或陈旧的东西清除出去，同时还会用稻草扎在一根长长的竹子上，做成掸子，把四周墙壁及屋梁、屋顶的灰尘、蜘蛛网等清扫干净，为的是干干净净过春节，也有"扫除穷根和晦气，迎接富贵与吉祥"之意。

除夕 垛田人称之为"三十晚上"。一大早，大家都会忙碌起来。女主人忙着准备年夜饭，男人们忙着贴花边、贴春联，张灯结彩。晚饭前，先要"接灶神",迎接"上天宣好事"的灶神爷重返人间:把二十四夜祭灶的饭碗端开,重新盛上一碗饭,同样放豆腐、红枣,这叫做"隔年陈",这饭要等到春节以后炒了吃,寓意"年年有余粮";接着填写另一份空白灶疏,写上"接灶大吉",最后照样祭拜。

垛田人的年夜饭除了和兴化其他地区相同的菜肴以外,还有吃芋头的习惯,寓意"来年遇好人、遇事有贵人相助",更有"啃大芋头",发大财、赚大钱的意思。豆腐也是垛田人年夜饭不可或缺的佳肴,取"陡富"之意。红烧鱼必不可少,象征"年年有余";除了红烧鱼,家里还养着鲥鱼,寓意"富裕"。垛田人的年夜饭也讲忌讳:一是不吃鸡、鸭,说是吃了鸡、鸭就会"鸡争鸭斗",有口舌之患,争吵不断;二是不能泡汤,"泡汤"一词在垛田人口语中是指办事失败,更有"出门遭雨"之说,因为垛田人经常出门卖蔬菜,路上不能遇雨。

年夜饭之后,大人小孩洗脸、洗脚,男主人烧斗香(一种捆扎起来、高一米多的佛香)、放鞭炮,敬菩萨,便关门大吉,不再外出,也不再往外边倒水、倒垃圾。过去,垛田人并不"守岁",除夕之夜他们就会早早上床睡觉,叫做"瞒着蚊子睡觉",据说这样来年就不会生痱子,也不会被蚊子叮咬。现在,大多数人家都在晚饭后收看中央电视台的春节联欢晚会,直至午夜时分放鞭炮、迎新年。

新年 大年初一过新年。一大早,便有穿得花枝招展的小孩四处拜年,不管是不是亲戚、朋友,也不管是不是邻居、族人,只要有门敞着的,他们就进,嘴里还会嚷着"拜年拜年,花生和钱"。大人们一般上午在家守着,下午外出拜访长辈,走访亲友。有的人要参加舞龙、舞狮、送麒麟、挑花担、打连湘等娱乐活动。总之,这一天人们只管吃喝玩乐,决不会干活、做生意。

初一这天,垛田人有不少禁忌。比如,早晨起床不能说"起",而要说"升帐",说了"起"字,来年就会害疮"起疖子";也不能把水倒到地上,否则来年就聚不了财;更不能动刀、动剪子,否则就会有血光之灾。

接财神 正月初五,据说是财神菩萨下界之日,过去大凡做生意的都要"接财神",以期财神相助,发财兴旺。而垛田人历来既要种菜又要卖菜,既是生产者又是经营者,所以,正月初五这天,垛田家家户户都要"接财神",从古至今,始终不变。

接财神,也就是家里点香、燃烛、烧"黄元"(一种黄色的燃纸,上面印着图案),外面对着门的地方,点起高高的斗香。一般都在天刚拂晓时,由男主人操办。当然是越早越好,晚了,财神爷就会"被别人接走"。有心计的人家,通常都会采取守夜的办法,守到凌晨子时,便开始烧香放鞭炮。

十六夜 我国大部分地区都有"正月十五闹元宵"的习俗,而垛田人却在农历正月十六这天过"十六夜"。人们除了点花灯,还有吃糍粑、沰印、跨钝事、炸老鼠眼睛等习惯。

垛田至今流传着"十六夜(方言读 yā),剥糍粑,糍粑甜,好买田;糍粑香,买衣裳"的民谣。糍粑的原料是春节期间吃剩的米团(一种由米粉蒸制而成的食品,冷却后较硬,能放置很长时间),把它切开,然后在锅里放上香油干焙,这就是"剥糍粑"。如果家中没有现成的米团,也可用糯米粉或高粱粉做成饼状食品放到锅里焙熟,也叫"糍粑"。吃糍粑,在垛田人看来是预示来年丰收。还有另一层意思,就是垛田人把受人责备叫"吃了大糍粑",十六夜这天吃"糍粑",即把来年的"糍粑"预先吃下去,新的一年便会顺心顺意,不受人气。

旧时还有沰石灰印的习俗。沰石灰印也叫"扛稻"。有一个传说,说是以前有一个农夫在正月十六这天晚上到河边淘米,一不小心踩进了石灰塘,把过年穿的新蒲鞋(蒲草做成的鞋)染得满是石灰,只好一路上沰着石灰鞋印回家。走到家门口,突然看到了自家稻谷堆,他急中生智,跑到自家的堂屋里,使劲把沾有石灰的脚一踩,大喊"把稻扛回家了"。这一年,居然他家的稻谷比别人家收成好。从此,他每到这一天晚上都要找石灰塘去踩。后来人们纷纷效仿,便成为一种习俗。到了十六夜,凡是种田长粮食的村庄,人们就用小蒲包装着石灰粉,从河边向自己家走去,一边走,一边在地上沰上石灰印,到了家中,说声"把稻扛回家了"。这个习俗一直延续到20世纪70年代,现在已经看不到了。

钝事,在垛田方言中多指倒霉、晦气。(蹅)(方言词,跨的意思)钝事,就是要把倒霉、晦气之事"跨"过去。正月十六晚饭后,垛田各个村庄的大街小巷到处都可见跨钝事的场景。人们在大街小巷、空地广场上,以稻草、芦草燃起一堆堆篝火,大人小孩、男男女女你推我搡,挨个儿从火堆上跨过去,还留下一片欢声笑语。在垛田人看来,从火堆上面跨过去,就是让人把过去一年所有的烦恼和厄运都丢掉,重新跨进红红火火、快快乐乐、无忧无虑的一年。

"炸老鼠眼",其实是炒制干果食品。春节前,家家都准备了瓜子、花生这些炒货,几天下来,大都吃完了。但是别担心,很多人家还留着些生货。十六夜这一天,垛田的家家户户都在炒蚕豆、炒瓜子、炒花生、炸白果。过去鼠害猖獗,人们希望通过炒制干果所发出的噼噼啪啪的声音,把老鼠的眼睛"炸瞎"。

点花灯,是孩子们最喜爱的活动,也是十六夜的高潮和亮点。晚饭后,一群小孩会提着五颜六色、各式各样的花灯,到大街小巷里去巡游,去比试,边跑边说边笑。他们的花灯都是自己动手制作的,也有家长制作的,材料是芦苇、竹片和各式纸张。做成的花灯,有金鱼形的、龙头形的、兔子形的……形态各异。当然,中间都要点上一根小蜡烛,这才叫花灯。

"请灰堆姑娘",是一个较为神秘的活动,也是年轻姑娘们的"专利"。这种活动,早在唐代就已形成(见《荆楚岁时记》和南朝《异苑》等)。那时的乡村,每家屋旁都有一个用于倒草木灰和垃圾的土塘,叫"灰堆"塘。选一处老灰堆,提前燃香祷告,预约一番。到了晚上,一帮姑娘带一方崭新的头巾和一只崭新的苇篾畚箕,畚箕边口居中之处垂直地插一枚银簪,后背上别一朵鲜艳的头花,来到预约的灰堆,点烛燃香,跪拜祈请,将头巾在灰堆上方挥动几下,便放进畚箕中,由两名少女搀抬着,来到灰堆的主人家。堂间放一方桌,桌上摆一篾匾,匾中铺一层米粉或面粉,抬着的畚箕悬于篾匾上,那插着的簪尖刚好碰着米粉。这时,众人便可以向"灰堆姑娘""咨询"各种问题。据《显异录》记载,灰堆姑娘即古代莱阳人何丽卿,又名紫姑,被寿阳李景纳为妾,受到李景正妻曹氏妒嫉,于正月十五被杀死厕间,天帝封其为厕神,民间则称"灰堆姑娘"。"请灰堆姑娘"时,有人问:灰堆姑娘,你说我今年多大岁数哪?那畚箕便会磕头般地上下抖动,银簪点击大匾,提问的如是18岁,它就会点击18下。又有人问:灰堆姑娘,你会画画吗?那粉面上就能出现花的图案来。请灰堆姑娘,主题是询问当年的年景如何。领头的问:灰堆姑娘,今年的年成好不好?好,你就点一下,不好,你就点两下。人们便从那畚箕抖动敲击的一下或两下里预知当年年景。又问:今年是麦子好还是稻子好?筷子会划出"麦"或"稻"的字样来。

春节期间走亲访友也是垛田的一道风景。不过,任何事情都有个度,在亲朋好友家住上几天就该回家。有人想多呆几天,就有了"七不出,八不归,初九回家倒草堆"的托词。但是,你最多不能赖过正月十六这一天。垛田人还有"十六夜,打亲的"的说法,不走也要赶走。所以,到了十六夜,春节就算结束了,人们便一心一意投入正常的生产生活之中。

清 明 节

清明节是祭祖和扫墓的日子,其习俗是丰富多彩的。但在垛田,最重要的活动一是"填坟挽纸",二是祭祖。

填坟,先要用锄头或镰刀将祖先坟墓上的野草蔓枝清除掉,再用大锹到荒地里挖两个圆锥体的坟头,一仰一合压在坟顶上,最后用河泥把坟墓涂抹一新,以免坟堆坍塌、棺材露出,同时表示这个坟有后嗣,以免被人误以为是无主的孤坟而受到破坏。现在大部分坟墓都用水泥混凝土浇筑,用不着挖坟头、涂泥巴了,但还是要把墓室里清扫一遍。这些事情做好之后,便在坟前烧化冥纸,称作"挽纸"。挽纸后,在坟墓前面磕头,以示恭敬。

其时,也有女儿给父母上坟的。她们在坟前摆上小方桌,桌上放着酒菜供品,再烧冥纸、化冥钱,点香、燃烛、放鞭炮,以表孝心。上坟时,还要用红、黄、绿、白四色纸张,剪成纸龙一般的"帐子"给先人烧去,说是帮亡者避蚊度夏。

填坟之后便是祭祖。祭祖分为大祭和小祭两种。大祭就是整个家族一起供奉,一起吃喝聚餐,往往场面较大,人员较多,一般在清明前几天的某一个较为固定的日子举行。小祭就是清明节这天在自家供奉。通常供奉三代祖先,供品主要有豆腐、百页、沱粉等,通常都是素菜,再烧上几刀冥纸。

除此而外,垛田人还有清明放风筝的习惯。每逢清明时节,这里的小孩便举着自制的风筝来到野外,放飞童心。过去,有的人把风筝放上蓝天后,便剪断牵线,任凭清风把它送往天涯海角,据说这样能除病消灾,给自己带来好运。

端 午 节

每年的农历五月初五是端午节。这一天,垛田人曾经有赛龙舟的习俗。

端午节前，垛田中心敬老院组织工作人员裹粽子（李松筠 摄）

相传赛龙舟起源于古时楚国，因舍不得屈原投江死去，许多人划船追赶拯救。同时，也可借划龙舟驱散江中之鱼，以免其吃掉屈原的躯体。

民谚说："清明插柳，端午插艾。"这一天，人们还有插挂艾、菖蒲等物的习惯，家家户户都在门楣上悬挂菖蒲、艾枝、红萝卜、蒜头，以及小粽子，据说是为了驱魔辟邪。其实艾和菖蒲都是药材，有一定的防病祛邪作用，悬挂这些，有利防疫。过去垛田人还有洒雄黄水，饮雄黄酒的习惯，用以激浊除腐，杀菌防病。不少人家则在堂屋的中央悬挂钟馗画像，以期消灾降福，保佑一家平安。

这一天，又是孩子们的节日。小孩的手腕上系着五色绒线编织的"百索儿"，一些孩子腰间会佩挂香囊，香囊内有朱砂、雄黄、香药，清香四溢，玲珑可爱。百索和香囊，传说有避邪驱瘟之意。还有不少小孩穿起虎头鞋，佩起虎头肚兜。这天天刚亮，一些家长会叫醒自家熟睡的孩子，要他们跳到屋后小河里去洗澡。据说，这一天早晨人在河里洗了澡就会百病不生、百虫不侵。

这一天，家家都要吃粽子。妇女们会在几天前就从湖荡里摘取芦苇的叶片，煮烫之后作为粽箬包裹粽子。粽子有"白粽"、"豆粽"之分。白粽，就是用纯糯米裹成；豆粽，糯米中掺以豆类，或绿豆、红豆，或蚕豆瓣、花生米，也有拌以咸肉、火腿的。粽子的外形,都是三角形,民谚称"五月初五是端阳,三角粽子伴蜜糖"。都说粽子是纪念屈原的,其实也包含着人们对后代子孙饱读诗书"中状元"的希望。"吃了粽子,就有高中状元的儿子"。粽子是用粽箬包裹而成,"粽箬"又是"中了"的谐音,垛田人很希望自己的子女能"中了状元"。

这一天,垛田人对于中午饭桌上的菜肴也有讲究,桌上的菜肴要有五个品种,且均为红色,称为"五红",通常为炒长鱼、炒河虾、红烧肉、炒苋菜(红色苋菜)、西红柿炒蛋等。如今,最讲究的人家有十二红之多,这不仅为着"辟邪",更希望日子过得红红火火。

中元节

古称农历七月十五日为"中元节","上元"为人节,"中元"为鬼节,垛田人叫做"过七月半"。

民间认为,七月半这天,阴间的群鬼"放假",要回家享用祭祀,还要"拿钱"。于是这天中午,家家都准备供品,买来冥纸,祭祀已故先人。供品以素菜为主,豆腐、百页、沱粉,也有的人家有鱼肉等荤菜,一碗米饭盛成馒头状,有一个亡人就一双筷子,然后,由男人把纸钱点燃,全家人轮流跪拜磕头。

七月半的供品中,垛田有一个特有品种,叫"瓜饼"。瓜饼的制作方法是:取菜瓜或梢瓜,用勺子将瓜肉呈蓉状刮下,在盆中以面粉拌和,加盐少许,做成小饼,放在锅中焙烤至熟即成。说是供品,其实是一种特有的时令美食,吃起来绵软有劲,清香可口。

一年之中,除了清明节、中元节,垛田人还有"十月朝"、"辞年"祭奠先人的习俗。十月朝,是在农历的十月初一;辞年,是在腊月二十八,祭奠的方式与七月半相同。

中秋节

农历八月十五是我国传统的中秋节,自古就有赏月的习俗,但垛田人祭拜月神据说是为了纪念张士诚抗元斗争的。相传元代末年,反元起义领袖张士诚利用中秋民众互赠圆饼之际,在饼中夹带"八月十五夜杀鞑子(元兵)"的字条,大家见了字条,如约于这天夜里一起手刃无恶不作的"鞑子",过后家家吃饼庆祝起义胜利,并将中秋节的圆饼称为"月饼"。

此后,每逢八月十五这天晚上,垛田家家门前摆设香案,以月饼、西瓜、芋头、菱角、河藕等作为供品,其中月饼和西瓜绝对不能少,西瓜还要切成莲花状。摆好后,还要烧香、放鞭炮,拜祭月神。

拜月仪式后,一家大小在门前室外赏月、喝茶、吃果品。家长往往先让孩子吃这些祭品,据说吃了祭品小孩会更加乖巧有灵气,更加吉利有福气。其实,孩子们一般不会端端正正地坐在那里赏月,而是在皎洁的月色下追逐嬉戏,或者结伴去偷吃别人家的供品,偷喝别人家供桌上的茶。

此外,垛田人还有早餐吃汤圆米团的习俗,喻示一家团团圆圆。

重阳节

农历的九月初九是重阳节,垛田人把它看做孝敬老人的节日,与长辈老人团聚,给他们送上一些礼物,一起分享节日的快乐。当然,少不了买来重阳糕孝敬老人。

重阳糕是用米粉做成的,蒸熟即可食用。微甜、松软、爽口,老少都喜欢。糕的形状有正方形和菱形,糕上点上红点。卖糕的人把若干块糕摞成一摞,上面插上一面三角形的小纸旗,小旗也有红绿等颜色,旗面戳上许多小洞,有风时还能迎风招展,这就是"重阳旗"了。

小冬·大冬

垛田有"小冬不值钱,大冬大似年"的说法。大冬,就是二十四节气中的冬至,一般在农历十一月、公历12月23日前后。大冬的前一天,被称为小冬。

"大冬圆子小冬面"。小冬这天早上,家家都吃面条。中午则要烧纸祭奠已故先人。次日大冬早上吃圆子（汤团），中午置办酒菜，家人团聚，真有点像过年。

　　过冬吃南瓜，是垛田民间独特的饮食风俗。南瓜俗称"茄瓜"，在秋天摘下储藏起来，到了大冬这天晚上，煮成南瓜饭、南瓜粥，别有风味。还有个说法："过冬吃南瓜，吃了腰不疼"。

衣 食 住 行

衣食住行,属于人类基本的生存内容。而由于居住环境、文化传承、经济基础的差异,一个地区的人们在服饰、饮食、居住、出行等日常生活方面,都会形成相对独立的风俗习惯。跟上文的节庆习俗一样,垛田人的生活习俗离不开兴化地区生活习俗的总体框架,但毕竟还有不同之处。

衣 着

俗话说:"穿衣戴帽,各有所好。"但这种穿戴的个人喜好,总会受着生活环境的影响,总会随着时间的推移、时世的变化、时代的发展有所不同。垛田人的服饰穿戴,是在不断演变的,也是富有个性的。

穿衣 旧时,垛田人的衣料多为麻布,俗称"麻布衣裳",也有称"夏布衣裳"的,都由妇女自己动手制作。麻布的原料是苎麻,苎麻自己种植,成熟收获后,经剥皮、浸泡、捶打、分丝、捻接,成为麻纱;将麻纱拉成经线,放到自家的木制纺织机上,"唧唧复唧唧",一梭一梭地织出麻布来。麻布要染色,颜料也是用自家地里长的叫蓝靛的植物沤制而来。蓝靛有"大蓝"、"小蓝"之分,大蓝染的是深蓝色,适合老年人;小蓝的颜色比较浅,是年轻人用的布料。有了布料,还是自己动手裁剪、缝制,就成了衣服。上衣的式样,多为立领、宽袖、斜襟或侧襟,俗称"大幞头"。这种麻布衣服较硬,但透气性好,最适宜夏天穿着。

早前,人们的穿着比较单一,男女老少大多穿着"大幞头"、"和尚幞"的褂子或棉袄,裤子是筒腰、大腰身、大裤筒的"光光套"。男人们劳动时,还喜欢穿一种叫"满裆"的裤子,这种裤子的腰围特别大,裤裆也大得出奇,可以系在棉袄上面。穿着这裤子,模样有点滑稽,但很适合垛田人的劳动。

到了民国时代,市面上出现了"湘沅纱"、"洋布"等面料,价钱较贵,只有一些富裕人家购买做衣。20世纪50年代以后,出现了府绸、咔叽、灯芯绒等布料,卖布料的布店也逐渐增多,人们逐渐放弃自纺自织,更多地购买"洋布"缝制衣服。70年代以后,面料出现了化纤制品的确良、涤卡,还有"全毛"、"混纺"等等,花样繁多,人们选择布料的空间进一步扩大。同时,缝纫机逐渐普及,裁缝店不断增多,人们开始到布店买布料,将布料送给裁缝店,缝制中山装、学生装、衬衫、西裤来穿。"文革"期间,与其他地方一样,军装成了垛田人的"时装",男的穿,女的也穿,"一片绿"一度成为街头巷尾一道风景线。此后,改革开放,生活渐好,垛田人的服饰也走进"流行"时代。如今,人们都以习惯于去服装店选购衣服,款式、颜色、面料各取所需、各取所爱,百人百衣,百花齐放。

穿鞋　过去,男人穿方口或圆口布鞋,妇女穿尖头滚边鞋,大姑娘穿双边绣花鞋,小孩子则穿虎头鞋。夏天穿木板鞋,冬天则穿"草鞋"或"蒲鞋"。劳动时穿旧布鞋、球鞋,冬季到湖荡里剐草时又换成了"木板鞋"或"木桶鞋"。雨雪天,人们会穿上"钉鞋",这是一种用厚布特制的防雨鞋,外敷桐油,鞋底布满鞋钉,很笨重,在砖街上走路,会发出"呱啦呱啦"的响声。后来,这种钉鞋被逐步淘汰,人们在雨雪天穿上了胶皮"套鞋"、胶皮雨靴。现在,鞋类商品丰富,群众收入增加,人们平时都穿上了皮鞋、运动鞋及各种各样的休闲鞋。

戴帽　旧时,垛田的男人大多头戴毡帽、礼帽,后来逐步演变为便帽、呢帽、军帽、绒帽。如今,很多人不爱戴帽,戴帽者多为老人,有绒帽、线帽、呢帽等等。而劳动者,不管春夏秋冬,一般都要戴帽。夏秋季节,田间劳动者一律戴斗篷,也叫"凉篷"。斗篷用苇篾手工编制,边沿浑圆,顶上高起,有尖角,外形有点像喇叭。后来,湖荡开发,芦苇被毁,人们也没那闲空编制斗篷,都到店里买来草帽戴着。田间劳动的妇女,一年四季都头扎方巾,有红、黄、绿、蓝四色,年老的,一般为蓝绿二色,年轻一些的,或红或黄,以红色居多。一位头顶红色方巾的妇女,站在碧绿的蔬菜地里,真有"万绿丛中一点红"的美感。

饮　　食

一日三餐　垛田人的日常饮食,过去是"两粥一饭",中午米饭,早、晚稀饭。20世纪60年代的困难时期,缺吃少穿,供应粮每人每天只有四两,只能吃两顿稀饭,民谚称:"吃四两,晒太阳,吃半斤,慢慢混。"后来实行承包制,经济发展,生活改善,粮食市场放开、取消"计划供应"了,多为"两饭一粥",早上稀饭,中、晚米饭。现在,上学的孩子、上班或打工的大人,早餐多为面条,或到小店小摊买些包子、烧饼、豆浆之类的早点,边走边吃。中午,或因下午干活,或因家人不全,饭菜相对简单。晚上家人团聚,晚餐通常都有荤素几菜,喝酒、吃饭。

待客　垛田人向来热情好客。过去,客人来了,一般先请客人"吃茶"。茶有三种,一是炒米茶,一是蛋茶,一是果子茶。炒米茶,就是在大碗中放上常备的炒米,加些红糖,用开水一冲便是。蛋茶,俗称"蛋箅子",现在也有人叫"水蛋",做法是:锅中放水适量,烧得半开后,将鸡蛋破壳余于水中,稍待,再大火煮透,盛入碗中便是蛋茶。蛋茶有甜、咸两种。甜的最好做,将水蛋连汤带水盛进碗里,加上食糖就行。咸的,须在碗里放入猪油(或芝麻油)、酱油、蒜花,再将水蛋盛入。甜咸的选择,大多依客人的口味习惯而定。要是新女婿或是新亲家到了,先前还有一道果子茶。所谓"果子茶",就是给客人泡上红糖茶,桌上用盘子摆放着油果子、云片糕等糕点,边吃边喝。随着时间推移、世事变迁,现在,垛田人待客"吃茶"也有了变化,一般都是给客人泡上一杯绿茶,茶叶多为龙井。

中饭或晚饭,自然有酒肉相待。过去,家里常备有咸鱼、咸肉,客人来了,泡一泡,烧成菜,再有便是杀鸡宰鸭,蔬菜都是自产的,有的是。现在,客人来了,一般都到大街上、小店里、菜场中买菜烧饭。

宴席　垛田人但凡结婚、嫁女、生育、小孩过周、大人贺寿、砌屋上梁、搬家乔迁,以及丧葬,都要设宴请客。

过去,早餐通常有蛋茶、面条、肉圆粉丝,午餐也只是"六大碗",有汪豆腐、

喜宴（李松筠 摄）

烧粉丝、红烧肉、红烧鱼、慈菇条子烧鸡丝，再烧个青菜汤，桌上总共6碗菜。酒是少不了的，多为村子里小酒坊酿制的大麦酒、高粱酒或自制的酒酿、糯米酒。

后来，生活水平提高了，宴客的早餐多了茶头、点心。"茶头"，一般是大蒜苗拌干丝、酱生姜；点心有炒团、黏烧饼。午餐比以前丰富了，有了一个"杂盘"，在一只盘子里同时装有皮蛋、香肠、咸鱼干、咸肉、花生米等；热菜增加了炒菜，有炒猪肚、炒鸡丁、炒虾仁、炒长鱼等。酒也喝上了瓶装酒，什么"分金亭"、"粮食白酒"、"洋河大曲"，等等。

进入21世纪，宴席发生了较大变化。菜类上，有冷菜、热菜、甜菜。冷菜，当初的杂盘变成10个冷盘，有荤有素，有干有湿。热菜，不但有烧的、炒的，更有蒸的、炸的，品种不但有"长（黄鳝）、毛（鳗鱼）、甲（甲鱼）"，更有"海（海蜇、鱿鱼、带鱼、河鱼、螃蟹、青虾等）、陆（鸡、鹅、鸭、牛、羊、狗、野兔等）、空（鸽子、野鸡、野鸭等）"。甜菜，有冰糖银耳、糖煮蜜枣，以及水果罐头，最后果盘。酒的档次也从几块、十几块钱一瓶，提升到现在的几十块、上百块一瓶了。就连桌子也有了变化，过去一直都是方的"八仙桌"，一桌坐8人；现在都用圆桌，一桌可坐10人。

酒席的操办方式也在不断演变。过去，酒席都在家里，堂屋不够用，就在天井院子的上方拉起油布,桌席摆在天井院子里。再不够,就将桌席摆到左右邻居家,叫"打公馆"。那时乡村没有专职厨师,自己会烧自己烧,不会就请一位好手来当锅执厨。还要请来"门上的"同族弟兄、妯娌,借桌凳、摆席口,买菜置碗、端菜送酒、择菜洗涮,俗称"跑忙"。近些年来,乡村里逐渐兴起"家宴"行当,酒席都请"做家宴的"来办。做家宴的,都是乡村里烧菜的高手,找几个人帮工,自带灶具餐具、桌凳彩棚,上门服务。这服务当然是有偿的,一桌人给多少钱(现行价格为每桌40~50元),主人只管定菜谱、买菜、接待客人,也用不上家族弟兄"跑忙"了。如今,还有些近郊人家、富足人家,直接把宴席办到了城里的大酒店,更省事。

芋头菜肴 芋头是垛田的特产,芋头红烧肉、芋丁豆腐羹等以芋头制作的菜肴,常常是家常餐桌、宴客酒席的主打菜。

芋头红烧肉的烧法相对简单。将龙香芋切成长条方块,或将香芋子一分为二,热后下锅与红烧肉一起烩熟至粉烂,肉变得香而不油;芋头变得清香中透着肉鲜,下饭又下酒。如今的酒客们常常是抢着芋头吃,说它是"酒塞子",三两块"酒塞子"下肚,多喝点酒没问题。

芋丁豆腐羹,是冬季的家常菜。这是要用龙香芋的母芋来做的。芋头和豆腐均切成细丁,加入开洋虾米烧制成汤羹,装碗时磕些胡椒末、撒点青蒜花,用汤匙舀入口中,芋头粉、豆腐嫩,热乎乎、鲜颤颤,能让你过口难忘。假如再加入蟹黄蟹肉做成"蟹黄豆腐",那口味简直是天下一绝。

还有像芋头烧扁豆、芋头烧萝卜、芋籽鸡块等等,都是老少皆宜的农家菜。

芋头做菜一般都是要去皮的。而在垛田,就有连皮带毛的吃法,叫做吃"毛芋头"。毛芋头,通常是子香芋的子芋或者龙香芋的子芋。先把它们泡上一夜,再放在木桶里用小木棍反复捣掇,捞起后清水汰净,便可下锅,做成"毛芋头菜粥",或者直接"焐(读wò,方言词,一种烹饪方法)芋头"。"焐芋头",就是把洗净的带皮子芋放到锅内,不加任何佐料,放适量的水,烧透了,水也干了。将烧熟的毛芋头拿在手上,剥开一半的皮,蘸点酱油,咬一口,原汁原味,香喷喷、粉纠纠、滑溜溜,剩下的,一挤,就溜进口中。

香葱菜肴 垛田香葱,既可作为调味品,也可作为蔬菜烹制菜肴。

清炒香葱，不加任何配料，直接炒熟，看上去叶青梗白，吃起来脆嫩绵软，甜中带辛，开胃爽口。如加入豆酱来炒，则另有一番风味。

香葱炖蛋，是垛田常见的家常菜。黄黄的蛋、青青的葱、香香的味，让人一见会食欲大增。

香葱烧豆腐，选用新鲜香葱，去根、剥皮、洗净后，切成1~2厘米长的小段，等锅里菜油开了放入，反复炒几下，再将切成小块的豆腐放入锅中，加上盐、糖、味精等作料，中火烧熟。等到装碗上桌，你会看到香葱青如翡翠，豆腐白似润玉。有一条广为人知的歇后语"大葱烧豆腐——一清二白"，正是来自于此。

韭菜的吃法　韭菜是垛田人种植历史最长、种植面积最广的蔬菜，人们也很喜欢吃它，甚至于一日三餐、四季不离。对于韭菜的吃法，垛田人认为"既可当菜，也可当饭"。

最常见的吃法，是清炒韭菜，脆嫩可口，清香宜人，开胃下饭，亦可作为早餐稀饭的佐菜。还可以做一碗蛋汤，将清炒韭菜攫一些放入汤中，这汤口味大变。此外，多作为配料烹制菜肴。有韭菜炒肉，韭菜炒长鱼，韭菜炒百页，韭菜炒螺蛳肉等等。垛田多水，水中多产河蚌，河蚌也是垛田人的家常菜。烧河蚌常配以咸肉，不放酱油，白烧，烧熟了，非要佘入韭菜，否则会"少层味"。

还有一道菜肴叫"韭菜炒蛋皮"，将韭菜与预制的蛋皮同炒。你别小看这道菜，那是要色彩有色彩，要香气有香气，要口味有口味。垛田一直流传着"韭菜炒蛋皮，小姨爱姐夫"的俏皮话，韭菜与人际关系搭上了勾，可见人们的喜爱程度。

垛田人还喜欢用韭菜煮粥吃，说它有进补作用。先把韭菜洗净，切成细段，放置一旁待用；粳米淘洗干净，放在锅内，加入清水，武火煮沸，再用文火煎熬10~20分钟，加入韭菜，中火煮熟，即可食用，这便是"韭菜当饭"了。

苋菜　馏苋菜馏，也有人称之为"瓜馏"，是用苋菜茎秆或冬瓜腌制、发酵的一种家常菜。

在垛田，人们喜欢在房前屋后长苋菜，一则可以卖钱；二则可以自家食用。在夏季，苋菜长大，可以采来作为蔬菜，或炒菜，或做汤。进入秋季，苋菜开花结籽、长出茎秆,这时把它连根拔起,削根、去叶,将茎秆砍斫为小段,用来腌制苋菜馉。秋后的冬瓜往往很难卖出,垛田人也常用它来腌制瓜馉。

腌制苋菜馉或瓜馉的方法很简单,将苋菜梗、冬瓜片用盐腌制一下,过几天放入盛有苋菜馉老卤的坛子里,封盖。等到一两个月后,坛子里有了浓浓的臭味,苋菜梗或冬瓜皮变成暗灰色,那就说明成熟了。将苋菜馉带些汤卤舀出,或煮熟,或于饭锅里蒸熟,便可食用。这苋菜馉有点臭,俗说"生臭熟香",煮熟后有一种特殊的臭里透香的味道。别看它有点臭,看上去也很丑,但是,吃饭也好喝粥也罢,这都是一道十分开胃的好佐菜,人们常说:"有了苋菜馉,神仙好下肚。"时至今日,在一些大酒店,"苋菜馉嘟豆腐"成了不少酒客必点的一道下饭菜。兴化城有一种小吃叫"油炸臭豆腐",很受欢迎,这豆腐干就是用垛田的苋菜馉卤汁浸泡过的。

削瓜菜 垛田多产瓜果,其中的不少品种,既能当水果生吃,也能当蔬菜做成菜肴,最简便的做菜方法,就是"削瓜菜"。

削瓜菜一般选用黄瓜、菜瓜、梢瓜或酥瓜(也叫水瓜),以酥瓜最佳。将新鲜的瓜洗净,用刀切开,分成两瓣,去瓤,瓜条抓在手上,就着盆子,用刀削成一块块薄片,这便是垛田人特有的"削瓜菜",而非在砧板上"切瓜菜"。在瓜片上撒少许盐,搅拌后放置一旁。稍后,将瓜片捞起,挤去卤汁,装入盘子,加上酱油、麻油、蒜泥,一道瓜菜就做成了。

瓜菜,做起来简单快捷,吃起来清脆爽口,即可佐饭又可下酒,老少皆宜,是一道典型的、垛田式的大众菜。

炒瓜皮 盛夏季节,人们在吃完甜润可口的西瓜肉汁后,往往会随手抛了西瓜皮。垛田人不同,他们在吃完西瓜后,会把西瓜皮放到一只盛有清水的盆子里,留着做菜。

西瓜皮,中医称为"翠衣",是清热解暑、生津止渴的良药。垛田人也许并不知道西瓜皮有如此的功效,但他们对西瓜皮却情有独钟,常用其做菜吃。把浸泡在清水里的西瓜皮去尽瓜瓤,洗净,切成一寸长的薄片,放油、盐、葱及豆酱,在锅中翻炒至熟,一盘色香味俱全的炒瓜皮就端上了饭桌。

不仅西瓜皮,丝瓜皮也能炒成菜。当然,西瓜皮、丝瓜皮,外表都有一层硬质的皮,将其刮去或刨除,炒出来的"瓜皮菜",甜丝丝、脆蹦蹦,保准让你两腭生津。

晒茄干 茄子,是垛田夏季蔬菜中不可或缺的品种。进入秋季,茄子就会变老,垛田人往往在入秋前把茄子摘下,切成片,晒成干,四季可食。

将摘下来的茄子洗净,切成片,用一根铁丝串起来放到太阳光下晒,到半干时吊到屋檐下挂着,就成了可长期存放的茄干。冬季蔬菜较少的时候,垛田人就会从屋檐下取一两片茄干,放到水中浸泡,泡软后,挤干水分,放入锅里或炒或烧,那口味仍是地道的茄子。要是将它和猪肉红烧,吃一口油而不腻,烂而不腐的茄干,那口味比猪肉还要鲜美。

吃豆子 蚕豆、豌豆,垛田人统称为"豆子",是夏季收获的杂粮,常用来做成菜肴,叫做吃"豆子咸"。豆子咸分为两类,一是"青豆子",一是"老豆子"。

每年的立夏节气之后,蚕豆、豌豆的豆荚便逐渐饱满。将饱满的豆荚摘下,剥出豆粒,洗净,便可做菜。有咸菜烧青豆、蒜薹烧青豆、瓜丁烧青豆。若配以猪肉烹制,不管是蚕豆还是豌豆,口味特别鲜美。这"豆子咸",佐饭、佐粥、佐酒,都行。这期间,豌豆苗很嫩,可以掐些豆苗的嫩尖,回家炒了吃,垛田人叫做"炒豌豆头儿"。过去,小孩们还喜欢用针线穿起一串青豆,放在饭锅里蒸熟后,挂在脖子上,就是"项链",孩子们称之为"素素儿"。等玩腻了、炫耀过了,再当做零食,一粒粒摘下来吃。

此时,蚕豆、豌豆在不停地开花、结荚、成熟。大约在小满时节,蚕豆、豌豆的植株渐渐泛黄,豆荚渐渐老去。将豆秸连根拔起,摘下豆荚晒干,剥出豆粒,再暴晒几天,就成为"老豆子",放进坛子或罐子,除一部分留种,其余的都可以成为食品。

老豆子最常见的吃法,是"炒豆子"。过年、十六夜、来人到客,都会炒,炒熟了,作为小食品,吃起来脆蹦蹦、香喷喷,大人小孩都喜欢。后来有人发明,将老豆子交给"轰炒米"的去"轰",豆子会变得很酥,省了牙力。

老豆子也做菜。将蚕豆、豌豆炒熟,加水、加盐煮烂,盛入碗里,浇上芝麻油,撒些蒜泥,就是一道极好的下酒菜。不仅下酒,早餐喝粥时也是一道好佐菜。

将蚕豆熟烂,可以做成五香豆,垛田人叫做"兰芽豆"。先要浸泡使豆粒变软、发芽,再放入锅中,加水、盐、花椒、桂皮、八角,慢慢煮熟至烂,就成了五香豆。现在有了现成的五香粉,只要放水、放盐,煮烂后拌上五香粉即可。

在垛田,老蚕豆还有一种吃法,就是"剥蚕豆瓣"。取来老蚕豆,左手两指捏住使其"嘴"朝上竖着,右手以菜刀刀尖将其磕成两瓣,放入水里浸泡,待变软后剥去豆壳,就是黄灿灿的豆瓣了。豆瓣,可以做汤,如咸菜豆瓣汤、豆腐豆瓣汤;其二可以油炸,变成酒桌上的"油炸蚕豆瓣";其三在端午节,可以拌进糯米,做成"蚕豆粽";再则还可以用来做成家常豆瓣酱。

玉米食物 垛田历来不种粮食,过去,群众会种植玉米作为辅助粮。

垛田人把玉米叫做"玉芦穄"。盛夏季节,玉米秸上结了苞,玉米苞上长出一束"发须",这玉米须变成暗红色,玉米就成熟了。掰下来,剥去层层包皮,便是白白嫩嫩的玉米棒,垛田人叫它"芦穄头子"。将其放入锅里加水煮熟,便是黄澄澄、香喷喷的食物,啃一口,玉米粒糯而有劲,微甜中带有玉米特有的香味,既解馋,又充饥,男女老少都喜欢在纳凉时,"啃芦穄头子"。

粮缺的年代,玉米成了垛田人的主食。将老玉米收回家,晒一晒,剥下玉米粒,再晒干,便是作为粮食的玉米了。将玉米放到石磨里磨碎,再用筛子过筛,落下的是玉米糁子,垛田人叫做"芦穄糁子",用来做粥,叫"氽芦穄糁子粥"。未落下的,稍粗,像北方的小米,用来做饭,叫"玉芦穄饭"。

当然,玉米还可以用来"炸麻花",成为孩子们喜爱的小食品。炸麻花,有两种方法。最常见、最省事的,便是村里来了炸炒米的,取一些过去,请师傅放在炒米机里炸,也叫"轰麻花";其次,是放在锅里炒,也叫"炒麻花"。真正的"炸麻花",其实是孩子们的一种游戏。过去冬天,多用铜质的、圆圆的、可以手提的脚炉取暖,脚炉里有稻糠、草屑燃着。揭开炉盖,取几粒玉米放在炉灰上,用一双芦苇做成的筷子,不断拨动玉米,一边拨,嘴里一边说:"炸麻花,炸麻花,一炸笆斗大。"一会儿,玉米就会炸开,揿出来,吹掉灰,放到嘴里就吃。

如今,垛田人早已告别"芦穄糁子粥"、"玉芦穄饭"的年代,玉米种植的面积大幅度减少,"芦穄头子"成为人们偶尔品尝的节令食品、消遣食品。不过,现在垛田人请客,酒席菜肴中又多了一道"玉米排骨",将玉米棒斩成小段,与排骨一起烧,极有风味。

烧螺蛳 在垛田流传着这样一则谜语:"瓦锅厢,铁锅盖,有人吃,每人盖。"谜底,便是螺蛳。小小螺蛳,身价低微,但螺蛳肉味道鲜美,素有"盘中明珠"的美誉,是典型的高蛋白、低脂肪、高钙质的天然动物性保健食品。

垛田境内,湖荡密布,河网纵横,盛产螺蛳,人们把它亲切地叫做"螺螺儿"。垛田人常常在劳动之余、行船途中,孩子放学、放假,或用手摸,或是用糙网(一种民间常见的捕捞工具)糙,或是卷着裤脚到泥塘上去拾,捕捞螺蛳。人们常说,在垛田,只要手伸伸,就会有螺螺。螺螺,自然也就成了百姓饭桌上四季常见的菜肴。垛田人最喜欢吃清明节前的螺蛳,此时的螺蛳无子、肉肥,还有"清明前吃三回螺螺,一年不害眼睛"的说法。

垛田人烧螺螺最常见的方法是带壳烧。螺螺采回家,放在水里养上一两天,让其吐出肚里的"子"、泥沙及寄生小虫。烹制前取出,剪去尾部,洗净,油锅里放入葱、姜,待油开后,将螺蛳倒进锅里以猛火煸炒,半熟时,放入酱瓣、盐、糖、料酒等,再小火焖一会儿即可出锅。垛田人烧螺螺最讲究火候,"多炒少嘟",出锅不能早也不能晚。早了,螺蛳肉没熟;晚了,螺蛳肉难以吸出。烧好的螺螺端上桌,舀几只放进碗里,直接用手捏着,放在嘴边猛一吮吸,只听"咽"的一声,螺肉便进入口中,所以垛田人又称螺蛳叫"咽咽菜"。吃螺蛳,于"咽咽"声中品其美味,别有一番情趣。

另一种吃法是烧螺肉。取养过一两天的螺蛳,不剪尾,不加作料,清水煮,垛田人叫"响"。熟后捞出,用缝被针或牙签将螺肉挑出,配以韭菜炒熟,出锅后香味扑鼻,鲜美无比。

与螺蛳同类的还有田螺,不过田螺的个头要比螺蛳大得多,味道也更为鲜美。垛田的湖荡草滩上盛产田螺,人们常去"拾田螺",作为家常菜肴。田螺的吃法,与螺蛳大致相同。但是,"田螺肉涨蛋"风味独特,属于垛田的特色菜肴。还有一种更为特别的吃法:将生的田螺肉挑出,去尾,切碎,加入猪肉斩成肉蓉,再将肉蓉放进田螺壳里,盖上田螺盖,加上作料在锅中煮熟,吃的时候或挑或吸,可谓"绝味美食"。

煮小鱼 垛田水多鱼也多。人们在罱泥、扒苲时,会有小鱼、小虾的额外收获,煮出来,便是美味佳肴。糙网子,一种简易的捕捞工具,几乎家家都有,拿上它,于家前屋后、田间地头的水沿河边随便推几下,那些小鱼、小虾、螺蛳就可以让全家人美餐一顿。

小鱼,以罗汉儿、鳑鲏儿居多。取回家,掐肠,去鳞,洗净,加上咸菜红煮(放入糖和酱油),很是鲜美。尤其是冬天,多煮几碗,让它"冻"起来,吃饭、喝粥、伴酒,都是绝好的佐菜。

垛田还有一种叫"鲨鱼"的小鱼,河里多的是,孩子们常用一根芦苇杆、一根棉线、一根烧弯的缝衣针做成鱼钩,在河边钓它,一钓一串。大人呢,常用一段小小的"鲨鱼网",下田劳动时,往小河小沟里一丢,休息时收网,网上会"叮"满了鲨鱼。

鲨鱼的吃法,多为红烧,口味不比罗汉、鳑鲏差。取多了,掐肠,去鳞,洗净,用盐腌起来,可以当咸鱼来煮。夏天难以存放,就把腌过的鲨鱼晒干,变成鲨鱼干,可以存放很长时间。鲨鱼干的吃法就多了,煮、蒸、炸随心所欲。其中,将鲨鱼干蒸熟,口味特别鲜美,因而最受欢迎。过去垛田人都是用土灶烧草来做此事。小朋友常拿出鲨鱼干,放到锅膛里"烧烤",烤熟时,那香味会飘出很远,邻居家的孩子闻见,准会过来抢着吃。

住　　房

"垛上垛,随你住",这是垛田人的口头禅。这话的本意是说垛田的垛子高,随便找个地方都能够建房居住,不必担心受涝。垛田的垛,也给村庄规划带来麻烦,人们只得依垛建房,择便而居,村庄往往东一堆、西一摊,街不宽、巷不直,显得有些松散而凌乱,一些村庄被人形容为"麻花炸的庄子,水蛇游的巷子"。久而久之,也造成人们规划意识的淡薄。然而,不管是平房还是楼房,在中间在旁边、有巷子没巷子,一概面南而居,向阳而建。

垛田自古以来地少人多。过去,由于土地少,人也穷,大多数人家住的都是又矮又小的泥墙草房,有的还是"丁头府"。丁头府,是由于地形的限制,建成的一种南北长、东西短,但屋门仍然朝南的房子,一般是土墼墙,茅草房,很矮小。那时的房屋,门不像门,窗不像窗,光线昏暗,通风不畅,一家老小只能

绿树掩映农家楼（李松筠 摄）

避风雨。很多人家的锅灶也安在屋里，一到烧饭，满屋都是呛人的炊烟。

从20世纪80年代起，农村实行联产到劳，再到土地承包，人们的经济收入和生活水平逐步提高，住房条件也得到改善。这个时期，"三间一厨房，大瓦砖头墙"成为垛田的主流居住模式。"三间一厨房"，就是正屋三间，中间为堂屋客厅，两侧为房间，正屋外建有厢房式的厨房，多建有围墙、大门（院门）；"大瓦砖头墙"，指的是用砖块砌墙，用大瓦盖顶，屋架多为木料"七架梁"，属于砖混结构的人字顶平房。现在，不少农家都建起了混凝土结构的楼房，上下两层，每层两间，上盖琉璃瓦坡形屋面。

有人总结垛田乡村住房的变迁，说是：（20世纪）60年代，荒堡根基土墼墙，毛竹做梁草盖房；70年代，砖头根基土墼墙，大瓦倒檐草在上；80年代，砖头墙，大瓦房，三间一厨房，外面有院墙；90年代，贴瓷砖，外粉墙，家家都有大走廊；进入新世纪（2000年以后），更是大变样，不少人家住楼房。

出　　行

什么地方什么路，什么时代走什么路。垛田人的出行，也与时代同变迁，与社会同发展。

垛田有着独特的地形地貌,耕地是垛,垛像海岛,垛与垛相隔,水与水相连,而且湖荡密布,水网纵横。过去在垛田,出门就坐船,无船不能行,船,成了当时垛田人生产、生活不可或缺的交通工具。

垛田的船不像浙江的乌篷船那样两头翘、船底窄,船体相对平直的,两边有帮(船舷),底部较宽。一般分大船、二舱船和小船三种。大船长有4米,宽约2米,可装载四五吨物品,多用于罱泥扒苲、出门卖蔬菜、婚丧嫁娶。二舱船的船体略小,但数量稍多,是交通出行、生产运输的主力军。垛田最多的还数小船,只要是种田人家,家家户户都有。小船虽小,但轻便、快捷,是下田干活、来往交通的"鱼雷快艇"。过去,大船、小船均是杉木板制成的,后来由于杉木紧俏,有人便发明了用钢筋水泥制作农船。如今垛田水面上行走的大小农船,大多是水泥船。

过去,垛田的每个规模稍大些的村庄,几乎都有"帮船",用于接送村民进城卖菜、购物、办事。帮船都由大型农船改装而成,船舱上方做成一个弧形船篷,用于遮风避雨。每天一大早,开帮船的老板就会或扯着喉咙喊叫,或吹号吹哨,走街串巷招呼客人。客人上得差不多了,时间也七不离八了,便开往兴化城,下午返回。起初,帮船都是或划桨或摇橹,靠人力行驶,后来有了小型柴油机,有了挂桨机,都改成机动的了,速度快了许多,也节省了时间。

在近郊的下甸、小戚、何家垛、绰口荡等地,当时还有一种专门送人进城的小帮船。这种小帮船由一人划双桨行驶,船很小,最多只能装五六人,但它灵活、快捷、方便,是这些近郊村庄人们进城办事的主要交通工具。

随着社会的发展进步,垛田逐渐有了旱路,有了公路,人们开始骑自行车、摩托车、电瓶车,直至坐上公交车。时下,不少人买了小轿车,"私家车"正在迅速增多。"帮船"早已成为历史,坐船,不再是垛田人出行的唯一选项。

说到出行,垛田人要比其他地方的农民多一项内容,那就是要把生产的蔬菜送到外面去卖,叫做"出门卖货"。出门卖货有一定的规矩。蔬菜装上船准备出发的时候,在场的人不得说"留点家里吃吃"之类的话,更不得从秤上、扁担上用脚跨过。开船之时,要用竹篙在船前来回划三次水,意在"一帆风顺,一切顺利"。如果这次途中顺利且蔬菜卖出好价钱,回到家时会放鞭炮、敬菩萨。

　　蔬菜大多是到青货行卖批发。他们和行老板谈质论价总喜欢用"舌子"。舌子,是过去垛田卖菜人与行老板之间用以交易的行话、暗语。如把青菜说成"林儿",韭菜说成"弯刀",菠菜说成"如意"等等;菜的价钱不说数字,说成"水把"、"微把"、"学把"(分别代表数字一、二、三)……

生 儿 育 女

垛田人生儿育女也有一定的习俗,它主要包括做小衣、接生、踏生、洗三、报喜、看月子、满月、过周这些环节。

做 小 衣

在垛田,孕妇为即将降生婴儿准备的衣服、尿布,都由娘家来做。娘家做小衣也有讲究,剪子、尺、针线匾子等都必须是新的,而且除了缝制人动用之外,不允许其他人触碰。剪裁时,不能有女子在旁,更不得有其他孕妇在场,据说这样才能保证小宝宝平安降生。小衣服做好后,娘家婆便把小衣服等物,连同所用过的剪子、尺、针线匾子一并送到女儿家。

接 生

过去,每个村庄都有一两个接生婆。孕妇在怀孕期间,都会跟接生婆打个招呼,告知大概的预产时间。临产了,主人便会请来接生婆。接生就在自家房间里,房间里只留女主人婆婆当助手,其余人一律不得进入。多为坐盆生产,产盆就是平时洗脚用的"脚桶",里面放了温水,婴儿便降生在这温水之中。婴儿降生后,由接生婆擦干身体,用专门准备的襁褓或其他衣物包裹起来,送入被窝,再将产妇搀扶上床休息。胎盘多由男人挖土埋于屋外茅坑一侧。现在

呢,都是去医院待产、生养、

坐月子

产妇大多身体虚弱,需要休息,民间规定的时间是一个月,这便是"坐月子"的来历。坐月子期间,产妇须在太阳穴贴上一种专用的膏药,并用一只手帕折成长条,从前额到后脑勺扎住,再扎上方巾,以保护头部。鞋袜都是棉织品,哪怕是酷热的夏天,也须整天穿着,以防风寒。产妇的食物,初期以糯米粥为主,辅以煮烧饼、煮油馓,几天后可以喝些鱼汤、鸡汤、骨头汤之类的营养膳食。产妇在民间又称为"红人",有一个规矩,就是在这一个月内,"红人"不可以去别人家串门走动,否则人家会觉得"不吉利"。

踏 生

婴儿降生后第一个进入主人家门的别家人叫做"踏生的人"。据说谁"踏生",小孩长大后的性格、特点就会像谁。因此,一般人知道谁家生养,不会主动去"踏生"。倘若有人贸然撞进,此人或脾气不好,或身体有缺陷什么的,主人会很不高兴。有人为了找个好的踏生人,会以某种理由,请来一位聪敏、名声好、长相俊俏的人到家里喝茶"谈事情",有意让这人给小孩踏生。现在生养小孩都在医院,"踏生"一说已经被人们淡忘。

洗 三

过去,人们在婴儿出生第三天洗澡、取乳名,称为"洗三"。一大早请来接生婆,好饭好菜招待一番后,请她给婴儿洗澡。洗完澡穿衣服,也有讲究。如果曾祖父健在,婴儿就要穿曾祖父送的红衣服。曾祖父不在的,就穿新买的衣服。乳名是早就想好的,多用"狗"啊"猫"的,或者干脆按照排行,男性"二伙"、"三伙",女性"四丫头"、"五丫头"的。如果生的是男孩,这一天,还要"送红蛋",将染成红色的鸡蛋,分发给街坊邻居。红蛋的数量,过去是一只,现在是三只、五只,都是单数。接受红蛋的人家,也要回给小钱,过去是一毛二角,现在是一块两块。过去是生男孩送红蛋,生女孩送糯米粥,现在往往不分男女,既送蛋又送粥。

报　喜

报喜,顾名思义就是向产妇的娘家通报喜讯,也在洗三那天进行。过去重男轻女,生了男孩才报喜,生女孩无需报喜。报喜要带礼物,礼物是红蛋和两瓶白酒。过去,红蛋只有9只,后来随着经济条件的好转,增加到19只、29只,现在甚至99只了。娘家把红蛋收下,把两瓶酒倒出,酒瓶里装满糯米,在瓶口上插着一棵带根的青菜,交报喜之人带回。

看　月　子

看月子,就是亲戚、朋友前来看望产妇和婴儿。看月子要带"月子礼",以前一般就是一斤红糖、二斤油炸馓子、十只烧饼,后来又增加了猪油、猪肚肺等。娘家人看月子另当别论,会不时地给女儿送来鲫鱼、鲥鱼、老母鸡之类,让女儿补补身子。现在人们看月子,不需买这买那,送上一三五百不等的红包,说声:"不买什么了,一点小意思。"皆大欢喜。

满　月

婴儿出生一个月这天,称为"满月"。满月当天,在垛田,有给婴儿剃头的习俗,请剃头师傅剃去婴儿头上的胎毛,将这胎毛用红布包扎起来,挂到婴儿的脖子上作为"长命符"。满月时,要置办100只馒头、100只米糕,2斤猪肉、2斤鱼,外加香纸蜡烛鞭炮,大人小孩一起回娘家。现在呢,这一习俗发生了小小的变化,满月时先到孩子姑姑家,说是"姑姑家走一走,活到九十九"。在姑姑家过上一天,然后才回娘家。婴儿一到外婆家,外婆就会在婴儿的眉心点上一朱砂,意为外婆的心肝宝贝,也有让婴儿在外婆家不犯忌的意思。在娘家住个几天,女儿便要回家,妈妈要做粽子100只让女儿带回,取孩子将来会"百中"之意。

过 周

婴儿一周岁的时候,通常要举行较为隆重的仪式,称为"过周",垛田人也叫"划周"。俗话说:"过周过的外婆家周,结婚结的舅舅家的婚。"意思很明白,孩子过周,外婆家最认真,也是花钱最多的。过去,外婆都要为外孙、外孙女买银饰品,有银手镯、银项圈、银索锁,现在,都是买金项链、金手链。过周,还要请来诸亲六眷、亲朋好友。客人于头一天下午前来送贺礼致贺,主人晚上摆酒设宴。晚饭后,还要给小孩"暖寿",主人和几位至亲好友打牌消遣,彻夜不睡。垛田人也有"抓周"的习俗,过周的当天外婆抱着孩子到放有秤杆、尺、毛笔、算盘的桌子上,让孩子随手抓,据说小孩抓到什么,预示他(她)长大后就会喜欢干什么。

田头哺乳(王虹军 摄)

嫁娶婚庆

男大当婚,女大当嫁。旧时,由于受封建礼教的束缚,加上农村人没有文化,思想保守,男女青年的婚姻大事只能听从父母之命、媒妁之言。随着时代的变化,人们的婚姻观念也渐渐发生了变化,年轻人可以自由恋爱,但传统的礼俗却保存了下来。垛田人至今还保留着订婚、上门、通话、送日子、望朝、回门、交生日等习俗。

订 婚

男女青年订婚,过去没有太多讲究,小户人家只要有个说媒的,或亲戚、朋友从中撮合就行。大户人家才讲究个三媒六证。三媒,多为男方聘请的媒人、女方聘请的媒人,还有一位给双方牵线搭桥的中间媒人。六证,是指在桌上摆放一个斗、一把尺、一杆秤、一把剪子、一面镜子、一个算盘。现在大多是自由恋爱,只是在举办订婚、结婚仪式的时候,请个亲戚朋友,做个"现成媒人"就行。当双方家长都认可,即可举办订婚仪式。过去订婚仪式比较简单,仅是一顿六道菜的家宴,俗称"六大碗"。也没有什么亲戚参加,只有双方家长、男女青年和媒人,另加一个写"口谕"的先生,就一桌人。现在比较讲排场了。先是"小望亲",女方家最亲近的人都要去男方家考察;后是"大望亲",女方家所有的族人、亲戚都参加,加上男方家的亲戚朋友,一般都有好多桌。客人来到男方家时,先是用鞭炮迎接,进屋后喝红糖茶,吃汤圆。然后,便是向女方交订婚彩礼和首饰,请人写"口谕"。这些程序完成后,男方家大摆午宴,款待客人。

除了彩礼,还要给未过门的儿媳妇"包封儿"(红包),过去是101元,叫做"百里选一",现在是给1 001元,叫做"千中选一"。对于女方亲友家的小孩,也需50元、100元不等,"打发封儿"。

订婚之时写"口谕"是一件很慎重的事情。口谕也称"庚帖",是记录男女双方出生日期的一种文书。取一块不大的红纸对折后,正中竖写"庚帖"两字,再在两边按照"男乾女坤",以"天干地支"分别写上各自的出生日期和时辰,只能写13个字,不能多也不能少。最后,在底面写上"百年好合,喜结同心"之类对联。口谕一式两份,男女双方各执一份。男方将口谕带回家后,还要放在家神柜上,放爆竹、敬菩萨,之后用红布包着,当着重要物件放在首饰盒一类箱匣之中妥善保存。

上　　门

订婚后的第二年正月,垛田有新女婿"上门"的习惯。新女婿第一次登上岳父家的门,礼数很有规矩的,需带馒头66只、米糕66只,另有一个装有2斤猪肉、2斤鲫鱼、3斤水面条、香纸蜡烛及鞭炮的礼盒,礼盒上一般还放着送给对象的布料。过去生活条件较差,即使"堂前贵客"新女婿到了,招待也好不到哪里,当时垛上就流传着"新女婿上门,薄粥三盆,咸菜一把,不吃就打"的顺口溜。上门期间,女方的叔子大爷等紧门户族,每家都要招待新女婿一顿,叫着"带新女婿"。几天后"上门"结束,女方家要做100只粽子给新女婿带回家,以示对新女婿"百看百中",也要回给新女婿布料等礼品。

过去男女订婚比较早,从新女婿上门到结婚前,一般还有几年的时间。这当中,女婿要到丈母娘家"歇夏"。每年的盛夏季节,大多选在大伏(大暑)时节,女婿便来到女方家过几天。现在看来,歇夏这一习俗是一种"人性化"的安排,一来可让女婿避暑休息,二来可以让未婚青年加强交流,增进感情。

通　话

　　男女双方达到婚龄后,男方须向女方主动提出结婚请求,垛田人谓之"通话"。通话当年的八月十五中秋节,男方要给女方送节礼,叫做"追节",礼品中必有雌雄一对鸭子,如果女方收下了其中的一只雌鸭,那就暗示着同意结婚。下一步,就要举行"通话"仪式。选择一个"好日子",由媒人、男方父亲等人带着礼盒,到女方家去商谈婚嫁事宜,商定彩礼、"捏锁封儿"的具体数目,新房家具、嫁妆的置办等等。

　　通话时,双方对结婚的日期只是谈个意向,回去后,男方还要请风水先生或能掐会算之人,选定吉日良辰。确定之后,男方要登门通知女方,叫做"送日子"。对于婚期,垛田人长期以来的习惯多为春节期间,以正月初三、初四、初六居多。

送 彩 礼

　　通话之后、结婚之前,男方选一个好日子,将彩礼送给女方,女方当然要款待一番。过去生活条件不好的时候,彩礼相对简单,几块布料、两只手镯。20世纪80年代生活好转了,彩礼则进入"三转一响"时代,"三转"为自行车、缝纫机、手表;"一响"是收音机或录音机。90年代进入"四大件"时代,即电视机、电冰箱、洗衣机和电风扇。2000年以来,彩礼发生重大变化,只谈钱、不谈物。"彩礼钱"的数目,从起初的6 600元、8 600元,增加到现在的36 000元、56 000元,不管多与少,反正要带个"6",取"六六大顺"之意。不光礼钱,还有黄金首饰,开始只有金戒指、金项链,如今发展到"3两"、"4两",论起重量。

　　女方家当然也要陪嫁。过去新娘的嫁妆都是箱笼、橱柜之类的家具,依女方家境而定,或多或少、或精或简,但有三件不能少:箱子、脚盆和马桶。直至今日,接新娘都用轿车了,女方也无须陪嫁妆了,但还都有两只手提箱;还有一只有盖的红色塑料水桶,里面装着一只痰盂,代表马桶,垛田人叫做"子孙桶"。

子孙桶须由接亲人员中的一位青年小伙子拎着,到了新郎家里,交给婆婆,婆婆要给这小伙子"包封儿"。现在不兴陪嫁妆,不等于女方不花钱,而是帮女儿女婿置办家用电器。条件好些的,"捏锁涨箱子"之时,往箱子里放上几万甚至几十万块钱作为陪嫁。

请　　媒

在结婚10到20天之前,男方去约请媒人,请求媒人在结婚的那天到场,这叫做"请媒"。请媒要送礼物,一般是3斤水面条、2斤猪肉,外加两包茶食。现在,除了水面和猪肉,还有两瓶酒。一般情况下,媒人照单全收,客气的人就回茶食1包。

栈　　房

结婚前,男方家会选个好日子收拾新房,垛田人叫做"栈房"。栈房最讲究的是安床,即使是新做的或新买的床,都要请木匠在四角加上用红纸包裹的木塞,叫做"子孙塞",意在将来这对夫妻多子多孙。再就是铺好新人毯子、被子、枕头等,还要安排好各种家具的位置。新房里一切都是新的,不可以有一样旧的物件。一切收拾好了之后,锁上门,不允许任何人进入。

约请"撑轿子船"

垛田河道纵横交错,人们出门总离不开船,因此,撑轿子船成了迎娶新人的一个重要环节。过去垛田人办婚事有"六、腊不成亲"的规矩,"六"是指六月,天气炎热;"腊"是指腊月,气候寒冷,都不适宜操办婚事,一般都选在了春节期间,主要是因为传统佳节亲朋好友便于相聚。但正月的天气仍然较冷,弄不好还碰上刮风下雪、河面封冻的恶劣天气,请人撑轿子船也是一件大事,所以要提前预约。在结婚前20天左右,将选定的人请到家里吃一餐酒,告知他们娶亲的具体日期,请他们安排好自家的事情,到时帮助撑轿子船。撑轿子船的一般为3人,加上媒人和一位"搀把奶奶",总共5人,回来时加上新娘为6人,"六六大顺"。现在通了公路,大多使用轿车迎亲,一般3辆车、9个人,返回时加上新娘一共10人,"实实在在"。

结　　婚

到亲的　垛田人的婚礼分三天进行,头一天下午"到亲的",诸亲六眷、三朋四友送贺礼、吃晚饭。贺礼过去都是些条屏镜匾、布料、成品服装,现在都是送红包,红包里一二百、四五百不等,"人情出于往返",没有统一规定。第二天为"正日",亲友要待一整天。第三天,吃过中饭后,"散客"。所以,垛田人常说"吃喜酒,假三天"。

头天晚上的酒席,规模要小些,主要是"出人情"的亲朋好友。媒人要坐正席,叫做"待媒"。有的人家请"六书班子"唱戏,从这天晚上就开始。六书,也称"乐书",是一种特殊的民间表演形式,共六个人,其中至少有一位女性。席间,这六人摆开花棚、唱台,为众亲友吹吹打打、说说唱唱,戏剧选段、流行歌曲、民间小调、快板笑话应有尽有。

守富贵　过去也有主持婚庆礼仪的司仪,多为公认"有福气"的一对中老年夫妇,垛田人称为"福公公、福奶奶"。晚饭后,福奶奶取一崭新的米筛走进新房,将新郎要穿的新衣服用米筛罩一会,然后让新郎穿上,叫"妆新"。新郎官从这时起就得待在家里,不得出门一步,更不得睡觉,要通宵"守富贵"。守富贵这一夜,新郎要点香、接香,一支香没烧完,另一支要及时续上,寓意"香火不断"。为了陪新郎守富贵,主人都会安排一两桌亲友打牌,祝新至通宵达旦。这边守富贵,那边的福公公、福奶奶以及主人也不会闲着,要收拾、整理明天迎亲的礼品、用具,做好各种准备工作。

暖房　垛田至今还有"暖房"的习俗。在守富贵的夜里,新房的床上不能空着,要从亲眷中挑两位男性少年睡在上面。如果暖房的小孩夜里尿了床,主人不但不责怪,反而很高兴,而此种重男轻女的风俗,据说这就预示着新娘第一胎会生男孩。第二天早晨,两个少年还没起床,主人便会烧好两碗"鸡蛋瘪子"早茶,端到床头款待暖房人,一般不给筷子,让他们要"筷子",以得"快子快子,早生贵子"的好口彩。

正日 正日的早晨,上"轿子船"的迎亲人员先吃早饭。这桌早饭跟其他亲友的早饭不同,要喝酒、吃菜,最后还要吃饭,垛田人称之为"发轿饭"。因为以前都是人力行船,或撑篙、或划桨,有的人家还要抬轿,有的人家路途遥远,撑轿子船的人不吃饱是不行的。这也形成了一种风俗习惯,如今在垛田,早就不用行船娶亲了,但"发轿饭"不变,还是要喝酒、吃菜、吃饭。吃发轿饭也有个规矩,那就是不能泡汤。

饭后便"发轿",迎亲队伍出发,即便现在不用花轿用轿车,还是这说法。

迎新娘(班映 摄)

发轿前,福公公要仔细点验礼盒。礼品有礼肉、鞒肉、猪肚肺、蹄髈肉;两只盆子分别装有一些"还伢娘家米"、"还伢娘家粉";雌雄鸭子一对;礼盒66只馒头、66只糕、鲫鱼2斤、猪肉2斤、鞭炮蜡烛。另有要送进新嫁娘房中的"暖房盒子",盛有水面条3斤,茶食两包,红色的筷子两把,红头绳两框,蜡烛一对。有的人家还要"带礼",是带给女方族人的糕点、烟酒之类的礼物。过去的轿子船上,要有菩萨像、火盆、火把、脚炉,现在用轿车都不需这些了,但要有两根红皮甘蔗带上车,代表火把,用一只铜烫壶代替脚炉。

迎亲队伍出门时,主家要在家门口放鞭炮,轿子船动身出发前,岸上、船上都要放鞭炮,以表欢送,预祝一路顺风、迎娶顺利。途中,无论是过去的轿子船,还是如今的轿车,只要是转弯、过桥、逢庙,都要鸣放鞭炮。

轿子船一般只有一条船。如果有六书班子,就要另外有一条船,紧跟新人船之后,一路吹吹打打,向女方家开去。

嫁女·午宴 男方娶亲如此忙碌,女方嫁女也不轻松。事先要置办嫁妆,准备酒席,同样"到亲的"、"假三天",同样"守富贵",还要收拾整理新娘的嫁妆,并用红纸剪成各种花样或者红双喜覆盖在嫁妆上。这里有一个"装马桶"的程序,就是在陪嫁的马桶里,放上一小块红纸包着的土墼,俗称"土墼头子",意在将来新娘生的小孩像土墼一样敦实。除了土墼,还要放进炒米、红枣,据说人吃了马桶里的炒米"腰不疼"。虽说当今不用马桶了,但一般还用痰盂来代替,痰盂里面照样要放入这些东西。

等娶亲的船到了女方家的河边,女方家要派人来接,为轿子船担上跳板、燃放鞭炮,船上的人才能登岸,否则,船上人只能耐心等待,这是规矩。有了这个规矩,女方的人会跟轿子船上的人闹着要"担跳封儿"或者香烟。现在多是轿车了,但还有人会用一段小小的木板,包着红纸,放在车门前,让新郎从上面踩过,还有的用两张长长的红纸代替"跳板"。还有,新郎的车门也必须由女方的人来打开。当然,还是少不了"担跳封儿"或香烟。

上岸也好,下车也罢,要迈进女方家的门并不容易,大门关着,要从门缝里塞进"开门封儿",里面的人才会把门打开,新郎等迎亲人员才能进屋。过去用花轿还有麻烦,花轿抬进新娘家的天井院内,不能直接放下,必须由女方家拿一张芦筐铺在地上才好落轿,还得给封儿也就是红包。男方带来的各式礼物,一律摆放于家神柜前,摆放停当,点香、燃烛、放鞭炮、"敬菩萨",准备午宴。吃饭之前还有三件事情:一是给新郎"着绿",过去用花轿,新郎在家里已经用一条红色的绸缎(多为被面)斜披身上,这时,女方要取一条绿色的被面,与红色的交叉,给新郎披上,这叫"披红着绿";二是摆放好桌凳、餐具,请新郎等全部迎亲人员"喝茶",先是喝红糖茶、吃糕点,再吃汤圆;三是由女方主事司仪查点男方家带来的礼盒礼物，查点是否缺少什么，安排收什么、回什么。按垛田人的习惯，馒头一般收 40 只，米糕收 26 只，合起来一共 66 只；回给男方家的馒头是 26 只，糕是 40 只，加起来也是 66 只，这叫做"家家逢六"。豨肉一家一半，鱼要回两条。而猪肚肺呢，则把猪心挖下来给轿子船带回，表示"把心交给你"。鸭子不收，其余照收。过去女方陪嫁妆，且都搬到了屋外天井里，午饭前的这段时间，轿子船上的人会将所有嫁妆搬往船上，安放妥当。

午宴开始前，男方家拿出喜糖、香烟，分发到每个桌席上，叫"压桌子"。等主家燃放鞭炮，酒席正式开始，六书班子也同时开场说唱。新郎等轿子船上的人，单独一桌，为首席。等到上红烧肉，垛田人称之为"上大菜"时，新郎、伴郎便要离席，先到厨房给厨师等人包封儿，送给喜糖、香烟，叫"谢厨"，再逐桌向宾客敬酒、发香烟。

捏锁·涨箱子　饭后，女方的福奶奶、母亲等人会帮着新娘穿好新嫁衣。同时，先把主屋收拾整理一番（与男方家一样，结婚正日这天，家里是不能动扫帚扫地的），堂屋里通常只留下两张方桌，一张在正中央用于敬菩萨，另一张，上面放着新娘陪嫁的两只箱子，这箱子须由女方的哥哥或弟弟用锁锁上方可拎走，这叫"捏锁"。捏锁先得"涨箱子"，涨箱子，就是男女双方你来我往，轮着往箱子里放钱，放多放少，随双方意愿而定，常见的情况是，女方亲眷都要闹着多"涨"、多放点钱。涨好箱子，捏锁，男方要给捏锁的兄弟一个红包，叫"捏锁封儿"，具体数目，多由双方事先谈好，一般在五六千元。前文说道，现在女方父母不陪嫁妆只"陪"钱，这钱通常也在此时放进箱子。

上轿　涨好箱子捏好锁，便是新娘子上轿的时候了。此时，关起屋门，家里只有父母、一对新人和男女司仪 6 人，新人行三拜礼：一拜天地，二拜家神，三拜父母。拜毕，开门，花轿搁在门槛上，福奶奶将新娘搀扶上轿。届时，鞭炮齐鸣、鼓乐喧天，抬轿上船。如今多为轿车，开门后，新郎搀着新娘，一路走上婚车。但有个环节，就是新娘双脚要套一双父亲的拖鞋，趿拉着从屋里走出，到大门口脱下，有人把这说成是"女儿不断娘家路"，也有人说是"不能把娘家的泥土带走"。

拜堂　新娘娶回进门之时，过去公婆要把祖传的首饰等贵重物品交给新娘，叫做"续宝"，现在都是给封儿，叫"压手钱"。之后，新人先入洞房，由福奶奶指导，喝"富贵茶"、吃"富贵饭"、"富贵鱼"。接下来，新人再次来到客厅堂屋，举行"拜堂"仪式。家神柜前、堂屋居中，摆一张方桌，桌上放着一只用红纸铺底的木盘，木盘是用来摆放"磕头封儿"喜钱的；桌前摆两张椅子，是让长辈接受礼拜时坐的；椅子前面放着两个蒲团，是新人跪拜用的。开始，先关上门，堂屋里不得有闲杂人等，只有一对新人、福公公、福奶奶及新郎的父母6人。照样由新人行"三拜礼"，拜后"开堂"，根据辈分、远近、排行的顺序，挨个儿进屋接受新人的礼拜，送给新人磕头封儿。拜堂的顺序也有规矩：父母开堂，舅父在先，门族的最高长辈最后"收堂"。

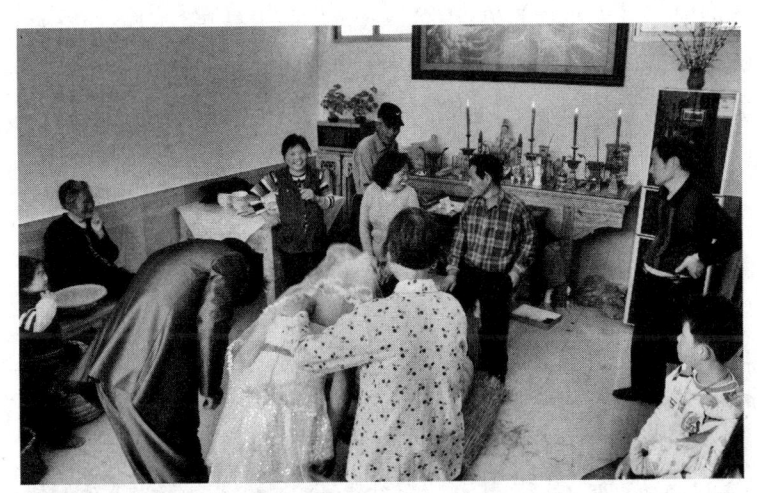

拜堂（李松筠 摄）

拜堂结束，新人捧着放满拜钱的木盘进入新房，再次鸣放鞭炮。还要"捣窗蒙"：事先在新房南窗外侧糊上红纸，选一位亲戚中的男孩，让其手持竹竿或筷子将红纸捣破，说是"捣得快，养得快"，新婆婆要给这小孩包封儿。

正席·闹喜 在女方家，中午的宴席是正席，男方的正席则是在晚上。参加正席的除了亲友，还有"庄客"，即庄上的头面人物、左右四邻等，一般都要摆上十几桌。屋内放不下，就在天井上方搭起厂棚，摆上几桌，再不够就放到邻居家"打公馆"。开席前，司仪招呼几声，再让新郎向众人三鞠躬，一串爆竹燃响，晚宴正式开始，客人们开怀畅饮。

主家堂屋通常能摆上四张方桌,坐的是主宾贵客,自然是女方来的"朝客"为首席。靠着新房门口的这一桌,由新娘坐上席,清一色女宾陪着,这叫"花席"。新娘只能吃个半席,红烧肉这道"大菜"一上桌,炮仗一响,新娘用筷子在肉碗里拨动一下,把红包封儿朝自己碗底下一压便离开座位转身入房。这时,就有亲戚抱个男孩坐在新娘的位子上,那封儿当然是这男孩的。上"大菜"即红烧肉,过去"六大碗"时代安排在第三碗,现在菜多了,一般安排在酒席的中后段。端来后,要由主人向众亲友说几句客套话打个招呼才燃放炮仗。这时,除了新娘离席而去,"朝客"要到厨房里送谢厨封儿,主人则开始敬酒。

这也是闹喜的时候了。怎么闹?就是让新郎父亲以"扒灰公公"的面目出现在众人面前。过去比较简单,用锅墨灰把他脸上抹黑,再扛上灶门口用的出灰钯子。现在人们多制作道具,让"扒灰公"戴着帽子、挂着钥匙、背着畚箕、扛着钯子,由"执法人员"押着,一桌一桌地去敬酒。垛田如今的闹喜又多了一个花样,就是拖来新娘,嬉闹着、簇拥着让新娘与公公"喝交杯酒"。

闹喜(董维安 摄)

闹洞房 晚饭后,新郎的表兄弟或朋友要闹洞房。过去闹洞房叫"喊好"。喊好时,来的人排成队,一个人端着烛台在前领头,边走边喊出一句台词,后面的人答一声"好"。喊好既有一定程式,也要即兴发挥,内容大多从新房的嫁妆

"喊"起，一直"喊"到新娘子的身上。例如：

一步金喔——好哦！
二步银喔——好哦！
三步四步进房门喔——好哦！
一进房门亮堂堂喔——好哦！
看看新娘子好嫁妆喔——好哦！
大站柜对门放喔——好哦！
旁边皮箱摞鞋箱喔——好哦！
……
望望新娘子头喔——好哦！
珍珠玛瑙往下流喔——好哦！
望望新娘子手喔——好哦！
又细又嫩真不丑喔——好哦……

主人已经事先在新房的被窝里、床角落等略显隐蔽的地方放好了红枣、糖果、香烟等物。等到喊好的人把新娘羞得脸红耳赤了，词儿也差不多了，众人便开始七手八脚，寻找这些东西作为"酬劳"。

如今闹洞房，不再喊好，而是变着花样"搞节目"，让新郎新娘咬糖、咬苹果，摸硬币、"滚鸡蛋"、"娃哈哈"等等。闹到最后，少不了讨要喜糖、喜烟。

带朝（音 zhāo）·望朝　带朝，就是将新娘的哥哥或弟弟等人，在正日这天，由男方用专船、专车接过来，参加晚上的正席，所来之人称为"朝客"。朝客是女方的"亲善大使"，在正席的所有亲友中地位最高，必须坐上席。席间，众亲友都要向朝客敬酒。上大菜时，朝客也需到厨房里谢厨，通常也要逐桌敬酒、分烟。晚宴后，朝客在男方家过夜，次日午餐后返回。

"望朝"和"带朝"不同。望朝，是女方家的女眷和新娘的闺友，在结婚3天后前来男方家看望新娘。来的人数，由女方决定并事先告知男方，男方招待一顿午餐。如今在垛田，望朝这一程序也有了一些变化。在人员上，原来一律都是女性,现在增加了男性,人数有所增多;在时间上,不少人家都在正日当晚将女方家的亲友接过来,同时参加正席,这叫"两场小麦一场打",男方要省些事。

回　门

过去,婚后一月也称"满月",新郎、新娘要去娘家"回门",现在,多在婚后3至10天内就回门。回门同样要有馒头、鲫鱼、猪肉、水面条等"盒担"礼品。在娘家,两位新人一般要住上好几天。其间,新娘的叔伯大爷等近房亲戚都要"带新女婿",请新郎新娘吃一顿午饭或晚饭。回门结束时,娘家同样要包裹100只粽子让新人带回家。

交　生　日

新娘过门后,在夫家过第一个生日是较为慎重的。这一天,娘家要来人同女儿一起过生日。娘家来时,当然也需备上鱼、肉、糕、馒、面等常规礼盒,这就叫"交生日"。听说,过去封建时代家长制严重,公婆假如看不惯新媳妇,就装着"不知道",故意不给新娘过生日。为了防止这种情况的出现,也是要为女儿"撑腰壮胆",娘家人便要提前通知亲家,并在女儿生日这一天登门同庆,表示已将女儿的生日"交"给你家,今后不得"忘记"。于是,交生日便成为垛田婚俗的一个组成部分,并沿袭至今。

偷碗·送碗

撑轿船带新娘的人员还有一项特殊的任务——"偷碗",也就是说,在午餐之后,悄悄地从女方家拿两只小碗随船带回。这碗又称"子孙碗",据说将来新娘生下子女用这碗吃饭,会消灾降福、长命百岁。说是"偷",其实是件大家心知肚明的事情,有的人家早就准备了两只精致的小碗放在醒目之处,让你好

"偷"。这碗并不即时送给新郎家,要到"十六夜"这天给主家"送碗"。

送碗,多在傍晚时分,上轿子船的原班人马会一个不少地集中起来,手捧红纸包着的两只"偷"来的碗,提着小灯笼,一路放着鞭炮来到新郎家。新郎家用鞭炮迎进门来,这伙人先将灯笼挂在新房门口,然后就像闹洞房一样,"喊好"、调侃,跟新郎新娘讨要喜烟、喜糖。

之后,主家招待来人吃晚饭。这顿晚餐有点特别:其一,所有菜肴必须由新娘亲自掌勺烹制而成;其二,只要是端上桌的菜,必须全部吃光,说是"碗碗空,财运通";其三,吃完后满桌子的杯盏碗筷,必须由新娘一人收拾、一人洗漱。撑轿船的这班人会捉弄新娘,每吃光一碗菜,就把空碗倒扣在桌子中央,而且一层一层往上叠,再把油汤油水朝上浇,叫新娘子难拿。因为还在"月子"里,是不能打破任何一样餐具的。

丧 葬 习 俗

生老病死是自然规律。当一个人走到了生命的尽头,子女亲属要为其举办一系列的悼念仪式,由此衍生出了丧葬习俗。这些丧俗会因民族、宗教、地区的不同而千差万别。垛田人的丧俗跟周边乡镇相比,在一些细节上有所区别。

净 身

当一位年老的长者奄奄一息之时,家人便会把他从床上抬到铺有稻草、席子的地上,请来理发匠为其剃头理发剪指甲,再请一位老年妇女为其洗澡,人们把这种仪式叫做"净身"。净身后,守候在一旁的孝子贤孙要不停地叫喊着死者的称谓,说是"喊一声,送一程"。等到快要断气的时候,人们便会给死者穿"老衣"(寿衣)。这时候,女儿们就要开始烧"寿纸"。寿纸,就是一捆专供烧化的纸钱,用红纸包着,写上死者的姓名。寿纸放在门外烧。捆扎寿纸的是一根长长的红线,红线一直拖到屋内,放在死者手上。"打"寿纸的是女儿女婿,但不管几个女儿,人数须是单数而不可双数。

长(zhǎng)高·披麻

等确认此人死亡了,同族男子便在堂屋用两张大凳搁起一块门板,门板上放一张1米来宽的草席,再铺上6尺长、4尺5寸宽的"衾",衾的大面须拖到地面,这便是"停床"。将死者从地铺抬到停床上面,盖上直脚被,拉上"蒙脸布",蒙脸布为白棉布,长6尺,宽1尺。还要在死者的头前和脚后分别点上"七灯",七灯是用小酒杯倒上菜油,用灯草或棉纱点亮,摆放的位置是男左女右。死者头前另放一只小酒杯,内装半熟米饭。停床摆放的位置是有规矩的,须"男东女西",是男性停在堂屋东侧,是女性则在堂屋西侧。死者躺的方向一律是头朝南,垛上有"头南脚北,子孙享福"的说法,也有人把死亡说成"头南脚北耳东西"。停床还有一个讲究,就是北边高、南边低,喻示子孙后代"步步登高"。停床收拾妥当后,堂屋门外天井南侧要摆放一张小桌子,上面放三只茶碗、三只果盘、三双筷子,茶碗里倒上茶,说是让上下"差人"同死者一起享用。

长高后,主持丧事葬礼的人(多为同族长者)会拿出一把剪子,剪一点孝子贤孙的头发,用剪下的死者身下的席角包好,串到一只吃饭用的筷子上,和剪子一同戳到大门旁。此时,同族之人有的去"发丧",也叫"把死信",即通知亲朋好友;有的去"扎孝棒"。孝棒,凡男性子孙每人一根。孝棒用24根芦柴,长2尺4寸,代表"二十四孝",外面用纸包裹。儿子的孝棒裹白纸,孙子的孝棒裹黄纸,曾孙的孝棒裹红纸。

死者的孝子贤孙此时开始披麻戴孝。孝子头戴麻布帽,身穿白大褂,腰系稻草绳,孙子及本族的晚辈们头戴白布帽,女儿、孙女们头披8尺8寸长的白布,曾孙们头戴黄布帽,身穿黄色的大褂,如果有玄孙则是头戴红色的帽子,身穿红色的大褂。

打 铺·剃 头

披麻戴孝后,要到土地庙前为死者"打铺"。打铺,就是用几根竹棍搭成一个三角形的架子,上面盖着篚,下面铺些稻草,这可能是让死者的灵魂暂时在此安息。打铺之后就是"剃七头",请来理发师上门服务,为孝子贤孙、直系晚辈剃头理发。这次剃了,要到"六七"的时候才能剃头,这才叫"剃七头",也是一种孝道方式吧。据说,就是清朝人们留长辫,剃七头时也要剃掉,反正是守孝三年不出门。

垛上冬雪（李松筠 摄）

送 饭

到了中午或晚饭时,要给死者"送饭"。送饭时,全部子孙及紧门同族,由长子或长孙拎着红马灯或红灯笼,捧着和尚写的牌子在前,跟在一位手捧木盘的长者后面,排着长长的队伍到庙里去供饭。木盘里放有3只饭碗、3双筷子、3只盛有4小块豆腐块的盘子、3个包有7至9张烧纸的纸包及香纸蜡烛。供饭时放鞭炮只放三只,送饭也只能三次或五次。有些垛上人家还请来"六书",现在是乐队跟在送饭的队伍后面吹吹打打。

放 焰 口

晚饭后,请来几个和尚念"引路焰口",垛田人说成是"放焰口",孝子贤孙们及紧门同族要通夜守孝。和尚另外要做两件事：一是为主家用白纸糊好一只纸箱、红纸包好一块砖头,放在家神柜的左侧,用来给死者"上饭",所谓上饭,就是每天吃饭之前,要在亡者牌位前供上一碗饭；另一是写下一张"七单子"贴在墙上。相传人死后要过"七七四十九道关",为了让死者能够顺利过关,家中的孝子要"烧七",每隔七天,儿孙子女们都要集中起来,于晚上为长辈亡者烧钱化纸、供饭送饭,直到七七也叫"终七"才结束。七单子就是烧七的日程安排,头七是哪天、六七是哪天,以防弄错或忘记。除了规定日期,"烧七"另有两个规矩:每次参加"烧七"的人数,只能增加不能减少;每次晚上"烧七"的时间,要一次比一次晚。

送　　葬

送葬前就要安排好6个"扶重"的人。扶重,就是过去抬棺材的,现在是直接抬死者尸体的。送葬一般在早晨,主持葬礼的人将"少马子"(装有纸灰的白布袋)拿来,扶重人把其中纸灰倒出,分别用纸包好,放到死者的腰部。死者的女儿用一些茶叶和大米塞在死者的嘴里,喻义"不求山珍海味,只求粗茶淡饭"。撤去七灯等物,6个人从两边一起动手,以"三道箍"将尸体捆扎起来,上面覆盖死者生前盖的被子,齐喊一声"发"即抬走。出殡后,在死者搁铺的地方放上万年青、石磨、笆斗、秤、米等物,叫做"镇坛",取"富贵万年青"之意。

无论是过去的土葬,还是现在的火葬,在垛田一般都要用船。备上火盆、火把,带上锹铲、竹杠、麻绳等物,捧上"公侯"(菩萨)、放有"刀头"的木盘上船。刀头是祭神用的,有猪肉2斤,鸡蛋1只,豆腐1块,连根青葱一棵,另有白酒1瓶,酒杯3只。孝子们手握孝棒,依次跪于船头,遇桥必须举着双手,女儿披头布拖到水里,边行边把冥纸投到水中。

过去都是用棺材,棺材做好了要"贺材"。现在实行火化,用骨灰盒,也要"贺"。将死者送到殡仪馆后,先举行告别仪式,再去挑选骨灰盒。把新买的骨灰盒放在地上,女儿们于盒前摆放馒头、鲫鱼、猪肉、酒等,烧香、点烛、放鞭炮,叫做"敬菩萨",又叫"上梁"。

火化时,女儿们最忙。要在殡仪馆的围墙外竖起一根竹篙,上面系有死者衣服的,女儿们在竹篙下边哭边喊着死者"跟我们回家"。要给花圈洒水,叫做"浇花水"。骨灰出来后,女儿还要在骨灰里倒点菜油,垛田人说,这样死者的身上就不会起泡。

入殓、执钉,过去现在都一样。用红纸包好儿孙们的头发,放到棺材中或骨灰盒里。执钉,过去是由执钉人用斧头把棺材盖钉好,现在则把骨灰盒盖好,孝子要给执钉人包封儿。执钉人必须是死者的哥哥、弟弟或侄儿。

安　葬

土葬也好,火葬也罢,都要安葬,"入土为安"。安葬时,一般要请一位风水先生看地、问卦,确定墓地的位置和方向。挖掘墓坑的第一锹土,由子女用衣兜兜着,这土须在入葬时撒在棺材或骨灰盒的上面。掘好墓坑,先用一摊稻草烧在坑里,叫做"暖坑";再由同族长或是风水先生在坑里用大麦摆成"太平"字样,把火盆放在"字"上,子女在先,所有参加葬礼的人依次从火盆上跨过,最后才将死者的棺材或骨灰盒入坑,填土,堆成小土丘,铲平,拍实,就成了坟。在坟的前面(南侧)栽上孝棒,儿子的栽前排,孙辈栽的在后排,重孙栽的再往后。孝棒的高度须一排比一排高,最后排也就是最南边的最高,要"一代比一代高"。接着,烧化冥纸纸钱,同时须取部分纸钱在四周相邻的坟堆前散烧,这叫"安邻"。具毕,烧香磕头敬菩萨,上船回家。

从船上上岸时,有人手提装着米饭的容器等在岸边,每个人经过时都要吃一口饭。进屋后,所有参加葬礼的人坐下来吃汤圆。午前,举行"结斋"仪式,所有人排着队,走到土地庙旁,在和尚的诵经声、法器的敲打声中,烧纸、磕头、放鞭炮;鞭炮一放,赶快回家,对着死者灵位再次跪拜,众人脱去孝衣、孝帽,葬礼基本结束。午宴"谢红",众亲友吃荤菜、喝酒,饭后散客。关于谢红,还要赘叙几句。过去,为表示对死者的尊重,"倒头"期间每顿饭都只吃素菜,只有在结斋之后、谢红之时,才有鸡鸭鱼肉一类的荤菜。现在已经不再讲究,每顿饭都有荤菜,但结斋、谢红这程序还是少不了。

另据习俗,死者要和先逝的丈夫或妻子合葬,垛田人叫"辫墓"。安葬时,须准备好一块"仙桥板"。仙桥板为木板,长2尺4寸,宽2寸4分,要求无节疤。正面上下各画一个圆圈,圆圈中分别写上"乾"、"坤"二字;中间画上桥的图案,写上"仙桥"二字。反面的居中部位画一个八卦图案,分红、黑两色,红色这边写上"鱼水千年合",黑色这边写上"芝兰百世荣"。两头分别写上"日"、

"月"字样。棺具入坑后,将仙桥板搁在两个棺材或骨灰盒上,然后填土。

复 三

复三,就是在死者入土的第三天,子女再去坟地修整坟墓,用河泥把坟墓涂好。过去没有医院、医生,老百姓大多没有医疗知识、生理知识,有时会把暂时休克等"假死"老人当成死亡。而当老人苏醒过来,就被活活闷死在坟墓之中。据说,曾经有人家在"复三"时,听到地下棺材里有响动,赶紧挖开坟堆、打开棺材,"死者"竟然活了过来。这大概就是"复三"的缘由。如今,骨灰盒入葬时多建有砖混墓穴,"复三"时只要浇点水、烧些纸即可。

六 七

葬礼完毕之后,家人要按照和尚留下的"七单子",为死者"烧七"。烧七都在傍晚,子女们穿上孝服,先在屋外点上一盏马灯(桅灯),再跪在亡者牌位前,于"化纸缸"中烧化冥纸,牌位前须供上饭菜。

六七,也叫"做六七",就是第六次烧七。很多人都以为"六七"是42天,其实不然,"头七"只有5天,到"六七"这天是40天。这是烧七仪式中最隆重的一次,是家人为死者举行的一次较大规模的悼念活动,也是垛田丧葬习俗里的一个重头戏。这天,所有的亲朋好友都要再次到场,参加一系列活动。

早上,女儿们就要给死者"供饭"。"供饭"不光有饭,还有各式荤菜、素菜。荤菜少不了红烧肉、红烧鱼,素菜少不了豆腐、百页、沱粉(一种淀粉制品),通常还有腐皮做成的"膜儿山"、瓜果做成的"南瓜山"、"山芋山"等等,有十几道菜,供桌上摆得满满的。供菜有三点考究:第一,数目不管多少,必须是单数(奇数);第二,供菜大都是用碗盛着,不管是荤菜素菜,底下至少要放一片菜叶,这叫"衬",说是亡人"不衬不吃";第三,供菜时,女儿们要在一旁哭号,说是亡人"不哭不吃"。

下午,亲友们陆续到来。垛田有一个规矩,凡是倒头时来的人,"六七"时必须到场,否则"不吉利"、"不作兴"。有些亲友,倒头时主人没来得及通知,或者因某种原因联系不上,没有参加葬礼,这次"六七"也要到场。所以,参加"六七"仪式的人数要超过送葬人数。亲友要带的礼物,有冥纸,上面放一对蜡烛;鱼、肉、粉丝及白酒一瓶。过去,还要有衣料、被面等物,现在大都"折钱"200元。

晚饭前,举行"送饭"仪式。晚饭后,便是和尚念经,儿孙们几度跪拜、烧纸。和尚念完经叫"下台",招待和尚们吃稀饭,这是应了"上台饭,下台粥"的规矩。之后,众人烧七。第二天中午,结斋、谢红,下午散客。

上坟·望坟·圆坟

死者安葬后的第一个清明节前,女儿要做好饭菜到坟墓上去供,并点香、燃烛、烧纸、放鞭炮,这叫"上坟"。第二年,女儿们再到坟墓上去供奉饭菜,叫"望坟"。第三年叫"圆坟",形式与前两年相同。

化牌子·脱孝

化牌子,就是将一直供奉的亡人牌子烧掉,不再供饭,此前,每天都要供饭。与此同时,子女们"脱孝",以示孝期已满。早先,子女须"守孝三年",满三年才能化牌子。后来,改为死者故后的第三年,俗称"三年牌子二年化"。现在,这风俗又有所变化,有的人家为了省事,在"六七"时就连牌子一起化掉。

化牌子的具体程式与"六七"相似。头天下午到亲的,基本上是"六七"时的原班人马,晚上烧纸化钱、放焰口。第二天,上午结斋,中午谢红,下午散客。不同之处有三:其一,亲戚中的长辈要为即将脱孝的晚辈送上新买的衣服和帽子,主家要给亲戚中的晚辈戴孝者每人发给一条毛巾;其二,在结斋放鞭炮的时候,凡戴孝者都把孝帽、孝服脱下,扔到笆斗等容器里,头上换成红手巾,赶快往家走,据说是"跑得快,发财发得快";其三,大多数人家要请人制作纸做的房子(冥屋,垛田人称作"扎房子"),在结斋时连同亡者牌位一起烧掉。至此,丧期、丧礼全部结束。

怆 月·周 年

垛田还有为亡者"烧怆月"、"烧周年"的习俗。

烧怆月,就是在化牌子之前的守孝期间,于每个月先人死亡的日子,给亡者供饭菜、烧冥纸。如死者是在农历二月初三死亡,即在每月的初三这天烧怆月。需要说明的是,在垛田,大凡丧事,都论农历为日程安排。

烧周年,是后人纪念先人前辈的一种形式。在每年的前辈先人亡故之日,供饭菜、烧冥纸。如死者是在农历二月初三死亡,则于每年二月初三这天烧周年。

第七辑　人物小传

"琼林耆宿"王月旦

王月旦，字克衡，又字句山，垛田王横人，生于1775年左右，卒年不详。据《兴化县志》(李志)记载，其人"丰神潇洒，议论飚发"，善文通古，兼工诗，满腹经纶，学富五车，有声于世。嘉庆七年(1802年)，钦赐翰林院检讨一职。检讨乃专任纂修国史的文职官员，一般从三甲进士中挑选担任，或由庶吉士任职。王月旦未经廷试即钦命为翰林检讨，实不多见。

王月旦在京多年，潜心编史，被尊为"太史公"。在此期间，兴化官绅共建太史第，并立"琼林耆宿"匾额悬挂于四牌楼上，赞誉王月旦德高望重、学问渊博。其匾于民国十六年(1927年)重书，1966年毁于"文革"中，1990年恢复重建四牌楼时，其匾由今河南省书协秘书长、中国书协理事、中国著名书法家王

悬挂在四牌楼上的"琼林耆宿"匾牌(吴萍 摄)

澄先生题写。

王月旦作品并不多见,目前仅见于1929年版的《刘氏族谱》卷六《词翰》中《题聘三公小照·调寄一剪梅》词一首。词作如下:

跌宕豪情托壮游,月里扬州,雪里真州,茫茫汤币问沙鸥。星散羊裘,雨冷貂裘。秣陵把臂昔年秋,酒满山楼,诗满歌楼,一编老去复何求?汴水东流,泗水西流。

兴化电报创办者王庭莲

王庭莲,字洁夫,号洁甫,生卒年不详。祖籍垛田王横,系兴化市电报局创始人。清光绪初年寓居上海期间,对先进的电报发生了兴趣,立志创建电报局,后借助时任大清招商局总裁大臣盛宣怀,实现了自己的理想。

清光绪二十九年(1903年),王庭莲在盛宣怀的支持下,购进了电报设备,在兴化南城外刘猛将军庙(今"沧浪公寓"所在地)内筹建了兴化电报局。民国二年(1913年),经交通部批准,兴化电报局正式成立,开通了与高邮的直达电报频率通道,由王庭莲担任局长。后来,电报局一度移至南城外花园垛"鸿寄园"内。1932年,开通了兴化至镇江的电报通道。抗战后,王庭莲在兴化城病故。

垛田革命第一人沈云楼

陈列在南京雨花台烈士纪念馆的沈云楼遗像（吴萍 摄）

沈云楼，生于1913年，牺牲于1930年，垛田湖西口人。1928年毕业于兴化县城开元小学。1929年入南京晓庄师范中学部读书。

晓庄师范读书期间，在校长陶行知的熏陶和党组织的教育引导下，沈云楼加入中共地下组织，化名沈一山，改籍六合县。沈云楼积极参加中共党组织活动，热情做社会工作。1930年，南京"四·三"惨案发生后两天，晓庄师范、中央大学、金陵大学等校学生和部分工厂工人约500余人集会，成立"四·三"惨案后援会，议决通过罢工、罢课支援"和记"工厂工人的斗争。会后，举行示威游行。沈云楼走在队伍前列，和学友一起高呼口号，散发传单，向市民演讲，揭露惨案真相，面对反动军警的威胁毫无惧色。4月8日，国民政府下令封闭晓庄师范，通缉校长陶行知，学校被迫停课。

不久，沈云楼参加了由中共地下组织建立的护校团，同时受南京市委派遣，在沪宁线递送情报。1930年8月10日，中共南京市委被破坏，沈云楼身份暴露,于当日下午在白下路太安旅社被捕。在狱中经严刑逼供,坚贞不屈,保守了党的秘密,保护了同志。同年8月18日,沈云楼和中共南京市委书记李济平、委员夏雨初、任旭升、中大党支部书记黄祥宾等20多人一起,在南京雨花台英勇就义,年仅18岁。南京雨花台烈士陵园陈列有沈云楼的遗像和生前所写的生活日记一卷。兴化烈士陵园后的千秋广场立有沈云楼半身雕像。

第七辑

人物小传

英勇区长高原

高原(1917—1946年),原名高廷元,垛田高家荡人,母早逝,7岁入塾,15岁入城内开元小学读书。不久因水灾辍学。1934年秋考入界首乡村师范。"八·一三"事变发生后,学校解散。次年春,入江苏"二临中"师范部(设今草堰镇)继续读书。同年秋,参加江苏省乡师科会考毕业。尔后,在大任舍、舍陈庄、草冯庄、白沙湖等地小学教书。

1941年初兴化沦陷,高原回本村设塾教书。其时,应同学孔策之约参加青年抗日游击队,不久编入兴化县独立团,转到二区署工作。其间,他宣传抗日救国的道理,启发青年觉悟,并根据上级指示,组织10多名青年农民成立六乡人民抗日游击队,于当年秋编入兴化独立团八连,高原任副连长,后调团部供给处。同年11月,高原加入中国共产党。1942年初,调兴化县独立大队(沈致祥部)任副官。1943年3月,随吴铁民、夏启发开辟临城区,任区队副。5月,沈致祥投敌,临城区环境险恶,他不畏艰险,不怕威胁,坚持斗争。10月,高原和吴铁民、张洁被税警团绑架,面对税警团的威胁利诱,他们坚持原则,寸土不让,后经区游击连、基干队营救脱险。1944年,高原任临城区副区长。1945年9月任得胜区区长。

1946年,解放战争爆发后,他立场坚定,拒绝拉拢、贿赂,遵照上级指示处决了当地一些民愤极大的反动分子。1946年10月底,国民党军队占领兴化城后,多次下乡"扫荡"。11月8日,三连和得胜区机关住北刘舍,晚上,敌人从西、南两面包围过来。高原临危不惧,一面指挥部队向北突围,一面烧毁文件,在敌人追击下,他跳入河中,不幸牺牲。高原牺牲后,敌人将其头颅割下,挂在芦洲示众数日。

地下工作者王庭跃

　　王庭跃，1925年农历六月十四日出生在王横西村。1935年师承乡贤王正善读书求学。1943年3月，经原江浦县委书记赵克才介绍参加革命，与时任兴化县秘工部部长范文平进行单线联系，搜集有关王横乡一带抗税、抗丁、抗捐及敌伪部队变动、下乡扫荡等情报。由于工作需要，后与兴化城内北小街教书先生朱少奎单线联系。他往往化装成进城卖货的菜农，把货船停靠在兴化城小东门的"老鸦塘"，然后挑着菜担，把中共平旺区游击队的情报送给朱少奎。通过这样的方法，他还从朱少奎的手中，把城里日伪军活动的情报送到游击区，为准确掌握敌人的情况，及时做出战斗的准备铺开了道路。1945年秋，中共兴化县秘工部部长范文平下乡检查抗租、抗税、抗丁、抗捐工作时，王庭跃一路护送。当他们的小船划到东鲍至湖北庄的河沟时，突然发现东鲍据点方向划出一条船来，船上坐着几个拿枪的敌人，王庭跃一看，这是一条笔直河道，躲又没处躲，掉转船头又怕敌人怀疑，在这千钧一发的时刻，他急中生智，立即让范文平躺在铺在船上的芦箔上，用稻草盖着，装成生病的样子，继续向前划着船。不一会儿，敌人的船靠上来了，船舱里有一个大块头的敌人站起来，问他是干什么的，他不慌不忙的说是父亲得了病到东鲍看病。那敌人还用枪把盖在范文平身上的稻草拨了拨，然后离开了。王庭跃就是这样冒死掩护了下乡检查工作的范文平。1946年秋，为把情报送往根据地，他化装成菜农巧妙躲过敌人的检查。同年10月，王庭跃加入中国共产党。

新中国成立后,王庭跃先后担任兴化县平旺区税务所所长、兴化县财贸部部长、仪征县计划委员会主任、仪征化纤厂及仪征输油管工程指挥部副总指挥等职。1985年王庭跃离休,享受地市级干部待遇。1994年病逝于仪征。

县督学沈选楼

沈选楼，垛田镇湖西口人，兴化近代教育家。他一生热爱教育，为兴化近代教育事业的发展作出了贡献。

1935年10月，沈选楼及当时兴化名流石金声、高阳春、王慕唐、赵良弼等25人被聘为私立兴化图书馆董事会董事，该董事会由兴化进步青年发起建立。1946年5月，沈选楼当选为兴化参议会议员，担任兴化县督学。1947年5月，在兴化县商会（今李园）召开的兴化县议会第一次会议上，沈选楼为了维护教育界的权益，直面县长卜镇海，痛斥陈县长办事不力，不能按月发放教员薪水，得到了广大议员及教育界人士的赞扬。由于沈选楼敢讲真话，在同年8月召开的第二次议会上，确定了沈选楼、梅锡侯、孙荣生三人驻会办公。在这期间，沈选楼注重了解民意，关注民声，为兴办教育做了不少实事。

新中国成立后不久，沈选楼在兴化城病故。

老县长张松发

张松发,1922年出生在张皮垛一个普通农民家庭。他在20岁的时候,就挑起养家糊口的重担。当时,日本鬼子横行霸道,国民党的顽军、伪军以及地主恶霸对老百姓百般欺凌。因不堪伪保长、伪警察的纠缠、欺压和勒索,1944年冬天,张松发和同村的几个青年一起,毅然投奔了共产党领导的抗日武装,参加了当时的临城区游击连,从此走上了革命道路。

不久,临城区委决定成立临城乡政府,负责张皮、任家舍及周围几个村庄的革命斗争,张松发被任命为乡民兵大队长兼基干队队长。他同其他乡干部一起,积极发动群众,发展民兵队伍,想方设法筹集钱粮,增添枪支弹药,使地方武装不断壮大,还打了几次漂亮仗。

1945年9月,张松发光荣地加入了中国共产党,两个月后,担任临城乡乡长。他积极建立健全政权组织,发展党员,训练民兵,发动群众减租减息,反奸除霸,进行土地改革,出色地完成了党组织交给的各项任务。

1946年8月,张松发调至临城区工作。这个时期,全面内战爆发,兴化地区的革命斗争形势日益恶化。10月29日,县机关和主力部队撤出兴化城。第二天,国民党军队和"还乡团"占领兴化。危难时刻,张松发灵活执行上级指示,抢运粮草,筹集船只和武器弹药,把民兵队伍集中起来,隐蔽游击。11月1日,张松发机智地识破了敌人的圈套,避免了两个乡十几名干部的被诱捕。11月8日,区乡干部和战士在北刘舍遭敌人袭击,他和部分同志奋勇突围,转移到东北部地区,跟其他队伍汇合打游击。此后,张松发他们在党组织的领导下,以灵活机动的游击战术,拔据点、炸碉堡、夜袭敌乡公所,智捉敌酋,多次打赢遭遇战,几度躲过敌人的偷袭,安全脱险。

这一阶段,为了发动群众,教育战士,党组织在革命根据地广泛开展了忆苦思甜的阶级教育活动。张松发根据自己的切身体会,编出了"哭青菜"的唱词,又与其他同志一起,移植了民间小调"小小娘"的曲子,形成了《张皮垛哭青菜》这首民歌,发挥了宣传鼓动作用。直到现在,《张皮垛哭青菜》仍在兴化地区传唱。

1948年年底,人民解放军开进兴化。张松发他们配合解放军向敌人发起总攻,夺得了兴化的全面解放。新中国成立后,张松发历任股长、副区长、区长、区委书记等职。1955年6月任兴化县县委常委、副县长。"文革"期间,张松发受到了严重冲击,腿部骨折负伤,1979年平反恢复工作,1983年离休,2010年病逝。

转战南北的孔洁

孔洁,原名孔繁淦,1926年出生在孔戴一个普通农民家庭。1941年在同乡高原的介绍下参加革命。后来,随临城区区委书记张洁(女)加入了抗日游击队,并改名为孔洁。孔洁10多年戎马生涯,经历了抗日战争、解放战争和抗美援朝战争,经受了枪林弹雨、生生死死的考验。1944年初夏,一次他执行为开会干部放哨的任务,突遇日伪军船队,他在日本鬼子的刺刀下,匍匐芋头丛,不动声色,安然脱险。抗战胜利后,他被编入溱潼独立团,随部队在兴化地区与国民党反动派进行了艰苦卓绝的武装斗争。在一个中秋之夜,他所在的团部遭到敌人突袭,他和战友们顽强抵抗,最终在主力部队的配合下打败了敌人。1947年夏天,在一次执行化装侦察敌情时,遭遇敌军下乡抢粮,他在当地老百姓的帮助下,埋伏在房间床底躲过了敌人的搜索。1949年渡江战役开始后,孔洁跟随大军横渡长江,参加了解放南方地区的战斗。新中国成立不久,他又参加中国人民志愿军,奔赴朝鲜战场,跟战友们一起,与朝鲜军民并肩战斗,沉重打击了美韩侵略军。

革命战争期间,孔洁多年从事战地报纸的编辑和记者工作。转业后,曾担任福州铁路局《前线铁道》报总编辑、铁路局工委宣传部副部长等职,1983年离休。1996年,垛田镇组织编写革命斗争史料《烽火菜花魂》,孔洁应邀回到垛田,欣然为该书题词:"发扬老一辈革命精神,前赴后继再创辉煌。"他还为该书专门撰写了《垛田之光》、《在刀光剑影枪林弹雨中》两篇文章。

油菜姑娘王兰英

王兰英，女，1942年出生在垛田凌沟村。1960年荣获"全国三八红旗手"称号。

王兰英还是一位少女的时候，便参加了生产劳动，而且不怕苦、不怕累、不怕脏，虽然年龄不大、经验不足，但她不甘落后，干的活不比大人少，还重活、累活抢着干。

有一天，正当她用练板（又称木枷，一种用于拍打谷物的农具）来打油菜籽的时候，由于劳动过度，加上天气炎热，她一时晕倒了，正巧省报的摄影记者在场采访，当场拍下了这精彩的一幕。稍加休息后，记者又让王兰英手捧黄澄澄的油菜籽，在装满油菜籽的船上拍摄了一张照片。这张照片后来在《新华日报》上刊登，其他报纸纷纷转载，王兰英被称为社会主义劳动积极分子的典型。

1960年春天，王兰英来到北京，参加"全国三八红旗手"表彰大会，并与其他代表一起，得到了周恩来总理等党和国家领导人的接见。回来后，被提拔为凌沟高级社妇女主任。在她的带领下，高级社组建了"铁姑娘劳动队"。这支劳动队活跃在田间地头，成为社会主义建设的生力军。《红扬州报》作过专题的报道。此后，中央新闻纪录电影厂来垛田凌沟拍摄油菜高产纪录片，王兰英作为垛田的形象代表被摄入电影，从此垛田有了"油菜姑娘"的美称。不幸的是，几年后，王兰英在一场急病中英年早逝。

名僧果丰

果丰,俗名王振庭,字培元,号平原,1917年10月出生在垛田王横一个普通农民家庭。2006年2月14日(农历正月十七日)在兴化宝严古寺圆寂,世寿九十,僧腊七十九,戒腊七十二。墓入祖居地王横村。

1928年,年仅11岁的果丰被送往兴化唐子汉陈野庵出家。其师海霞见其年龄尚小,就将其送往兴化观音阁启蒙读书,受学儒、道两道,后辗转于昌荣福兴庵、垛田张家庄天花庵学习佛经。1934年随师于中堡乾明寺修行。果丰深受其师叔海珊、师公静如的赏识,1944年随师公、师叔前往苏州寒山寺。修持之余,协助师公、师叔管理寺庙。师公、师叔相继圆寂后,果丰和尚便以中国佛教禅宗临济宗第四十六世传灯身份住持寒山寺。1966年"文革"期间,被送往西山林场劳动,后复任寒山寺住持。1985年应兴化宗教局邀请回归故里,为兴化宝严古寺住持。1997年4月为兴化宝严古寺方丈,不久任兴化佛教协会代理会长,并以佛教界知名人士的身份任兴化市政协委员。20世纪90年代初,与慈舟、松纯、超尘、隆根等海内外高僧同为兴化上方寺复建筹委会会员。

在苏州寒山寺修持期间,日寇占领苏州,欲以"日中亲善"的名义将寒山寺中的古钟和《枫桥夜泊》诗碑运往日本。果丰巧妙地加以保护,粉碎了日寇的阴谋。苏州徐维新在《苏州杂志》发表《追索寒山寺古钟的经过》一文,介绍了果丰保护古钟和诗碑的情况,后又发表《关于培元》文章作为补充。文章介绍:果丰,别名培元,俗姓王,江苏兴化人,1917年生。抗日战争苏州沦陷时期,培元还是寒山寺的小和尚。1944年住持静如病亡,海珊继任,同年冬海珊病故,果丰(培元)接任住持。1947年11月,作为住持的培元具文呈请政府向日本交涉追索寒山寺古钟。1948年后,培元离开寒山寺去了苏州西山寺庙,1953年又回寒山寺。"文革"时一度下放林场。吴趋《姑苏野史》"乌啼桥的发现"条记寒山寺里有位果丰和尚,有文学根底,能背诵唐诗。善椎拓碑帖,又喜收集苏州掌故,常到各寺庙及荒冢寻访古碑。有一次,他还在枫桥附近的废墟上发现了一段残存有"乌啼桥"三字的石块。这里说的果丰应该就是培元。《姑苏野史》所记果丰"善椎拓碑帖",也不是一句虚言。苏州沦陷期间,二十多岁的小和尚培元就在寒山寺里拓碑。"文革"后,寒山寺还请培元回寺帮助拓碑,时间有五六年之久……

果丰和尚自幼出家,道风高尚、善缘广结,得到了教内外人士的广泛尊重,成为国内外知名宗教工作者。

第八辑　你传我说

垛田来由故事多

"兴化城东有个垛田镇,垛田镇有无数个'垛田'"。这垛田,大大小小、方方圆圆、高高低低,像一枚枚瓜籽、一片片荷叶、一只只冬瓜、一座座麦堆,漂浮在粼粼碧水之上。

垛田是美的,美在"九夏芙蓉三秋菱藕,四围香菜万顷鱼虾";美在"河有万弯多碧水,田无一垛不黄花"。

垛田是神奇的。关于她的来历、她的成因,还有许多神奇的传说……

人称"荷叶地"

人们总把垛田说成"荷叶地",不管发多大的水总不会被淹掉,因为这垛上留有仙人的灵气。

相传很久很久以前,有这么一天,八仙在东海之滨的蓬莱阁聚会,喝酒聊天。那天大家兴致很高,喝了不少的酒,个个都有了些醉意。为了醒酒,一个个踉踉跄跄陆续从蓬莱阁出来,到海边散步、吹风。酒意较浓的铁拐李一看到大海突发奇想,提议大家不如乘兴到东海游一游,还不许乘船,只使用各自的宝贝。站在他身后也有些醉意的何仙姑不以为然地说:"瘸子在我们面前显什么本领,难道我何仙姑比不上你?"铁拐李听说后十分生气,转过身来正要发作,定神一看,只见何仙姑从手中的荷花上摘下几片花瓣,随手扔往海里。这花瓣飘落在水中竟慢慢变化成一个个土墩子。铁拐李见此情形也不甘示弱,将手中的拐杖往胸前一横,使劲那么一抖,那拐杖上系着的葫芦里竟蹦出了许多葫芦籽。那一粒粒葫芦籽很快落入海里,竟也长成了一个个垛子。这些垛子和何仙姑的"荷叶地"错落有致、相得益彰,形成了千姿百态的垛。

也许是人们更钟爱何仙姑和荷花的缘故,大家习惯上把垛田的耕地称为"荷叶地"。

大禹造垛田

相传,在距今约4 600年前的尧舜时代,兴化一带正是黄海之滨。那时,正处冰河时代后期,气候变暖,大量的积雪消融。据《尚书·尧典》记载,当时"汤汤洪水方割,荡荡怀山襄陵,浩浩滔天"。加上海水水面升高,海水倒灌,淮河淤积,使苏北地区成为大片泽国。生活在这儿的人,为了避水患,或登上高陵土山、择高而居,或伐木造船、载沉载浮,过着流离失所,无家可归的日子。尧帝为了治理水患,就任用鲧来治水,结果,鲧用了九年的时间也没把水患治理好。

等到舜帝继位以后,又任用鲧的儿子大禹来治水。大禹受命后,日夜兼程赶往洪水灾区。有一天,大禹来到了水灾最严重的黄海之滨,四下一看,惊呆了。这里不但积水很深,而且还有周边的洪水四溢而来,整个海滨像个漏斗。大禹在仔细地考察以后,决定采用"疏顺导滞"的方法,疏通壅塞的川流,增高原来的围堰,清理低地的淤泥。他一方面发动民众挖沟开渠,把挖出的土堆成一条一条的垛子,垛子与垛子之间形成若干的支流,再把主流的水道加深加宽,使所有支流里的水流归主流。另一方面安排民众疏理河道,把洪水引入河道、洼地或湖泊,最终流向大海。大禹不仅治理了水患,还在古黄淮地区留下了许多挖出来的垛田,一直留存至今。

大禹治水成功之后,舜念其治水有功,便传令召见,欲加犒赏。大禹接令后不敢怠慢,泥腿未洗就赤脚上路,随从看到后,就提醒他说,你这沾满泥巴的腿没洗,怎么去见首领?大禹随即将腿上泥巴抹下,甩向水中。岂料那点点泥巴竟慢慢长出一个个大小不等的土墩来,也就成了今天的垛田。

多亏岳家军

走进今天的垛田,只要你问上了年岁的人,这么多的垛子是怎么得来的?他们会告诉你,这一条条的垛子是宋朝岳家军挖出来的。

相传,北宋末年,金兵大举南侵,大江南北无数的抗金义军纷纷揭竿而起,掀起了抗金怒潮。宋高宗建炎四年(1130年),岳飞从楚州大捷班师泰州途中,听说金监军挞懒已经驻军泰州。岳飞即刻命令手下停止前行,就地驻下。在当地招集义兵,操练水师,准备和金兵决一死战。

岳飞在训练好水军之后,利用旗杆荡、缩头湖一带河港纵横交错、芦滩星罗棋布、有如水上迷宫的复杂地形,修筑战壕。他们先把有湖沟的地方用锹挖成一条一条垛子,用于堵截金兵的船只,再把芦滩挖成一条条沟壑,挖上来的泥土堆成战壕,用于埋伏。他们或用肩挑,或用手传,在旗杆荡、缩头湖周围堆成了好多大小不等的垛子,岳家军正是以这些垛子为战壕,打败了金兵的。

岳家军撤走以后,当地人不断地对这些战壕进行修筑、维护,并利用它来种植蔬菜。后来,一代代人效仿岳家军的做法,不断在这些湖荡地区挖土堆垛,形成了大片的垛田。一些老人在向孩子讲完这故事后,总要说一声:多亏了岳家军啊!

原是"八卦阵"

相传,明朝建国初期,百废待兴,洪武帝为了巩固政权,让皇朝天下长治久安,有一天亲自把刘伯温请到宫中,共商治国之事。在谈到江淮地区防务时,洪武帝说:"刘爱卿,目前大势已定,但就江淮地区的防务,朕还有一块心病。"说着洪武帝手指着地图上江淮之间接着说:"对付外贼入侵,南可依据长江之天险,北可凭借淮河之屏障,唯江淮之间这片土地,还有几股流寇时常制造麻烦,此地交通不便,万一流寇纠集在一起闹事,必成大祸,卿家可有良策?"

刘伯温仔细查阅地图,沉思一番,向洪武帝建言说,大运河高邮之东这条小河,是江淮腹地一个交通要道,可把此河扩宽挖深,只要江淮之间一有军情,我大军即可顺流而下,迅即弹压。洪武帝闻后大喜,随即传旨命刘伯温督办拓宽小河。

朱元璋君臣所说的江淮腹地,便是兴化地区。随后的四五年内,刘伯温亲自来到这里督办疏通、拓宽之事。他还让军民在河道两侧开挖湖荡滩地,堆成若干的土墩,布成"八卦阵"。刘伯温拓宽的,就是车路河,车路河两侧的"八卦阵"就成了如今的垛田。据说,有一年洪武帝一时兴起,还乘着龙船顺流而下到过车路河,看过刘伯温的杰作——"八卦阵"呢!

垛田奇观(王虹军 摄)

神神秘秘旗杆墩

据《重修兴化县志》记载,旗杆荡,因宋代岳武穆驻师而得名。清王仲儒诗云:"海滨曾驻鄂王营,至今湖水留其名。"可如今,早就不见了岳家军的威武雄壮,也不见了他们安营扎寨的帐篷,只留下了许多土墩和神秘的传说。

据说,在一个初冬的早晨,旗杆荡附近张家庄有个小伙子,与他麻脸妻子到旗杆荡里去剐草。剐到了中午时分,肚子饿了,加上他身体瘦弱,没有力气了,就上船拿出自带的中饭,在芦滩上找了个高墩子坐下来吃饭。饭后,小伙子就势往高墩上一躺,休息一会,麻脸妻子就拿出鞋底,坐在一旁钉鞋底。

妻子看看时候不早了,叫起小伙子。小伙子一跃而起,两人随即继续剐草,很快船就满了。夫妻俩站在芦滩边你看看我,我看看你,笑了。一个说,你变得漂亮了,脸上清脂白秀,一个斑点都没了。一个说,你长得人高马大,一点儿不像病恹郎当的样子了。夫妻俩高高兴兴撑着载满芦草的船回家。

一到河边,人们惊奇地发现,小伙子和他的妻子都变了。小伙子变得身高体壮,妻子变得花容月貌,就一起围拢过来问他们吃了什么仙丹。小夫妻俩被大家弄得丈二和尚摸不着头脑,直说,没吃什么仙丹,只不过在芦滩的高墩上歇了会儿。

高墩上?这话不说尤可,这一说,像油锅里放了把盐,立即炸开了。大家都说是这夫妻俩找到了当年岳家军留下的旗杆墩,纷纷要求两人带他们一起去找旗杆墩。小伙子没办法,只好照办。可是来到原处,那土墩却不见了,找了半天也没找到。

奇怪的是,后来又有人碰上过旗杆墩,那情形和小伙子夫妻俩一样,只要在上面坐一坐,男子变壮实,女子变漂亮。庄上的老先生说,遇见旗杆墩,那要有缘份,不是谁都可以碰到的。

神奇垛田

得胜湖畔话神奇

小船摇碧接孤城,月色澄秋分外明。光漱玉壶栖鸟定,影沉金镜蛰龙惊。

沙鸥点点轻波远,荻港萧萧白昼寒,高歌一曲斜阳晚。一霎时波摇金影,蓦抬头月上东山。

得胜湖,曾经是湖水碧碧、芦草青青的广阔湖荡,曾经是结寨操练、战鼓声急的古战场。虽然,这里已经变成水产养殖场,但是,她的宽广,她的丰饶,她的神韵,还有那些关于她的美丽传说,仍在人们的心底珍藏。

德州城再现

相传,得胜湖这地方,原是黄海边上一座十分繁华的城市——德州城。这座城很大,按如今的地名说,东到湖东口,西至湖西口,南到芦洲癞子荡,北至王横村。不知哪年哪月哪日,黄海发生了一次大地震、大海啸,把这座美丽的城市给淹没了,变成了得胜湖。不过,这德州城有时还能"再现"。

有一年冬天,西垛上有一老人卖菜回家,当船行到得胜湖口时,远远看到前面有一座灯火辉煌的城市,老人心想:现在天色已晚,不如在这城边过一宿明天再回家,于是就把船靠到了城边,把船上的桩绳扣到河边的一个霸王桩上。什么叫霸王桩?就是城里滨河居民用木桩打在水中,以便向往来停靠的船只收取码头费。

老人放好木桨,点燃一袋烟,坐在船头,一边抽烟,一边欣赏街上车水马龙的景象。忽然他想到,马上要过年了,不如进城顺便买点年货回家。于是,他进了城,踏上了大街。

他看到了鳞次栉比的商店,琳琅满目的货物,吃的、用的、穿的、玩的,应有尽有,还有些东西是他从来没有见到过的。他从街的东头走到街的西头,再从街的南边逛到街的北边,逛遍了整个城,买了一些东西,回到船上睡觉。

第二天早晨起来一看,他惊呆了:哪里还有城市,分明是湖水粼粼、芦草摇曳的得胜湖!哪里还有霸王桩,船绳只是扣在一根芦柴上!再看买的东西,船上什么都没有!老人想想有点害怕,连忙支起木桨,划船离开。

率头湖更名

德州城沉没之后,成了一片湖荡。远远看去,这湖荡像一只大海龟,人们就给它起名为率头湖。

到了战国时期,如今的兴化一带成了楚昭阳大将军的食邑。昭阳将军为了扩大粮食的种植,在湖上围垦造田,但屡造屡败,有人说是妖孽作怪,昭阳将军就把楚王赐给他的"和氏璧"放于湖中镇妖。这年的农历九月初九,海龙王八太子白龙奉父之命,到率头湖中盗取"和氏璧"。白龙从东海溯流而上,来到马家簖时,龙须触到了鱼簖,大吃一惊,于是转向西南方向游去,却因一时匆忙,龙头搁到了湖东口村庄的东岸上,人们看到后惊呼起来,纷纷前来观看。白龙见状,赶紧缩回水中,沿着中盐运河(车路河)进入率头湖,盗走了和氏璧,昭阳将军围湖造田的愿望最终落空。这次,人们亲眼看到白龙龙头因搁浅而缩回,就把率头湖改名为缩头湖。

到了北宋时期,山东抗金义军首领张荣,在兴化渔民郑握、孟威、贾虎等人的接应下,在缩头湖安营扎寨,招集义兵,操练水师,并自称为"水浒寨"。张荣他们在湖中要道打上暗桩,然后派兵叫阵,引敌出洞。义军佯走缩头湖,把金兵引入湖中。等金兵的战船搁上暗桩、进退维谷,金兵惊慌失措时,埋伏在芦苇丛中的义军一起冲杀上前,打得金兵鬼哭狼嚎。这一仗消灭了金兵5 000多人,缴获大小船只、各种军用物资无数,捕获金驸马胡乃巴及挞懒亲弟破辣椒等300多人。为了纪念这次战斗的胜利,兴化人民将缩头湖改称"得胜湖"。

八卦口大捷

在通往得胜湖的主要河口中,有一条河口叫做八卦口。"八卦口"这名称的来历,与元代义军张士诚三退元军有关。

元代至正十三年(1353年)正月,张士诚在白驹场起义。义军沿河而上,到达得胜湖后,安营扎寨,训练水师。为了防备元军进攻,张士诚发动义军在得胜湖周边挖成数百个垛子,并与芦滩巧妙结合,形成"八卦阵"。

一年深秋,元军派兵到得胜湖大举围剿义军,义军佯装败退,把元军引进八卦阵。元军战船在八卦阵里仿佛走进了迷宫,七拐十八弯,辨不清方向找不着道,顿时乱作一团。这时,义军从芦苇丛中冲杀而出,打得元军心惊胆寒,狼狈逃窜。就这样,依靠"八卦阵",张士诚打败了元军的三次围剿,军威大震,力量不断壮大。从此,人们就把当年元军进入芦苇滩的河口叫做"八卦口"。

坛子精故事

坛子,是一种陶制器皿,可以盛放五谷杂粮等物。垛田人把它说成"团子"。

据说,得胜湖里有一对"坛子精"。这坛子精是一对金童玉女,金童头顶荷叶,双脚站在坛子上,玉女手拿荷花,坐在坛子上。他俩经常在夜晚结伴而行,在湖里玩耍嬉戏,有时驾驭小小的坛子在水面上飞驰,比谁的速度快;有时把坛子摇来晃去,弄得嗡嗡作响;有时以坛子作小船,在湖荡里采菱。他们总是成双成对,同来同往,形影不离。

有一年,玉女被人掳走了,只剩下金童。那金童因为思念玉女,日日夜夜不停地在得胜湖里寻找,一边寻找,一边叫喊。得胜湖四周村庄里的人,在夏天晚上经常听到坛子精发出的"嗡嗡"的响声,那就是金童在寻找、呼唤他的同伴。

神奇垛田

农闲之时撒网来（班映 摄）

得胜湖酒泉

得胜湖东边，有一个村庄叫湖东口。相传很久以前，村里有个开杂货店的老板，姓石，人们都称他石老板。这石老板嗜钱如命，赚钱的手段吓煞人，就是鳅鱼打他手里过总要蚀层皮。天长日久，大家都喊他"蚀老板"。

蚀老板经常叫开帮船的葛大帮他从城里酒行里带货。帮船是过去乡下人进城载客的一种交通工具，"开帮船"就是载客进城，相当于现在的轮船。有一天，他叫葛大带酒，可巧这天葛大忘了。在回家的路上，船快要行到庄了，葛大才想起来。这怎么办呢？葛大一边划着桨，一边想，他看着清澈见底的湖水，一跺脚，有了，酒坛子里总归有酒味吧，今朝子就拿蚀老板开个心，把湖水舀到酒坛子里，看他晓得不晓得。于是葛大伸手抓住酒坛子，放到水里咕噜咕噜灌得满满的。回到家中，他把酒坛子往蚀老板家一送就连忙走了。

到了家家户户吃晚饭的时候。蚀老板的店里来了一个打酒的老酒客，蚀老板连忙走上前,说这酒是刚从城里打回来的好酒,老酒客一尝,嗨,不错!上等的好酒。于是他打了满满的一瓶走出了店,一边走一边向大家炫耀:蚀老板家今天的酒啊,绝了。听说杂货店有好酒卖,都抢着来打。蚀老板见来打酒的越来越多,心里又打起了鬼主意。于是对挤着打酒的人说:"酒坛子空了,明天再来吧。"说着,赶紧关了门。

等人们离开后,蚀老板算算账、捉捉钱,高兴得不得了。再来望望酒坛子,卖了几十斤,酒坛子还是满满的,这把个蚀老板吓得吃了一惊。他一把拖来老板娘:"我走运了,我要发财了。"他跟老婆悄悄耳语一番,老婆拿来一只大瓦盆,把酒舀满一盆,那坛子里的酒还是不见减少。夫妻俩一商量,决定把大水缸腾出来,酒坛子翻成酒缸。老板娘心更黑,随手往缸里倒进一桶水。哪知道,第二天早上,缸里酒卖得慢,蚀得快,最后竟没了。蚀老板望着酒缸越望越来气,一把揪住老板娘的头发,连踢两脚。

正在这时,葛大一头闯了进来,蚀老板一脸怒色立即变成了笑容,又是拿烟,又是倒茶,说了不少感激的话,还说要同葛大一起进城买昨天的那种酒。葛大一听这话,心里发笑,就对蚀老板说:"实话不瞒人,昨天那坛子酒不是城里酒店的,是我忘了给你带,顺便舀的得胜湖里的水。""这话可当真?"蚀老板两只眼珠子瞪得像个灯笼。"哪能假呢,你蚀老板还不知道我葛大是个什么人?"蚀老板一听,把腿一拍:"常听人说得胜湖里有王母娘娘的酒泉,莫非由你找到了?"蚀老板死缠活求地要葛大带他去看看。葛大没法,只得同他撑了船到得胜湖里找酒泉。

太阳正中了,没有找到,眼看天就要黑了,还是没有找到。葛大坚决不肯再找了,就拿起竹篙准备撑回家。突然,一阵狂风猛刮过来,只见得胜湖里白浪滔天,一个浪头袭来,"哗——",船被掀翻了,水性极好的葛大也呛了好几口湖水。很快,风停了,浪息了,葛大在得胜湖里找了半天,也没找到蚀老板。

冬瓜是"钥匙"

相传很久以前,戴家舍有个单身汉和生病卧床的老母亲相依为命,自己没有田产，只得在得胜湖边租种了本庄财主的一亩田，栽种些杂粮和瓜瓠茄儿混生活。有一年遇上了大旱，田里的冬瓜长不起来，一亩田只爬了一根藤，一根藤上只结了一条细冬瓜，长也长不大。

有一天，一个外地人找到他，问他冬瓜卖不卖。这单身汉一下子拿不定主意，就带着此人来到了庄上，去问他妈妈。

消息传到财主的耳朵里了，财主就带着几个家丁来到了单身汉的家，逼着他交租，可单身汉哪里交得起租呀，就央求财主宽限几日。财主就说，不交租可以，但这冬瓜归我了。最后不由分说，就叫家丁到田里摘冬瓜去了。要买冬瓜的人呢，是个识宝、收宝之人，见这势头，就对财主说："实话相告，这冬瓜是得胜湖底下德州城的钥匙，带着它从庄后的大河里下去，就能入水进城，无论你从城里拿个什么东西上来，那就是乌金。"

财主听了识宝人的话，虽然半信半疑，但还是挡不住那"财宝"的诱惑，决定试试。于是他叫来一个心腹家丁带着摘来的冬瓜，划船到得胜湖口，让那家丁系着冬瓜下水去试一试。那家丁下水后不久上来了，告诉财主说，一点儿不假，我到了一座很高很高的城门下，怕你等得着急，就上来了。财主一听大喜，连忙从家丁身上取下冬瓜，自己往背后一系，抓起一只麻袋下了水，亲自去取宝。

那财主一下水，水就自动让开一条路。他顺着这条路走不多远，就望见一座高高的城墙。走到城门口，城门就自动地开了。他进城一望，大街小巷车水马龙，各个店铺鳞次栉比，货架上的商品琳琅满目。他连忙走进一家杂货店，不管三七二十一，就把里面的货物往麻袋里揣，一会儿工夫，那麻袋就揣得满满的了。他扛起麻袋往回跑，麻袋搁到了背后的冬瓜。于是，他放下麻袋，从身上把冬瓜解下来想重新系在胸前。哪知道，冬瓜刚一解下，四周的水立即向他挤压过来。他知道不好，再伸手去抓"冬瓜钥匙"，已经来不及了。

一直坐在船上眼巴巴等主子从水下取宝回来的家丁，突然听见船下"咕咚"一声响，连忙上前去望，那财主的尸体从船底下浮上来了。原来，那识宝的人还有一句话留着没有告诉财主，那就是："冬瓜钥匙"不能离身，一旦离了身，就去见阎王。

洪水漫天"丢"芦洲

相传在很久很久以前,芦洲是德州城南郊的一个小村子。有一年,村子里一户穷苦人家生了个儿子。可在小孩长大一些后,发现这个孩子腿又瘸,手又拐,眼又近视。更糟的是,这个小孩出生不久就死了父亲,只丢下他和母亲过日子。村子里的人就给他取名"小丢子"。

小丢子长到十几岁的时候,他妈妈突然害了场大病,从此卧床不起。一家人的生活担子全落在他一个人肩上。他没有劳动能力,只好靠沿街乞讨来养活母亲和自己,用讨来的钱为母亲治病。

有一天,小丢子上街讨饭时,突然看到有一个白胡子老人摆个摊儿在卖烧饼,那烧饼诱人的香味把个小丢子闻得直咽口水。他连忙从口袋里掏出刚讨来的铜板,上前买了一块,飞快地跑回家送给妈妈吃。妈妈吃了小丢子带回来的饼,连说好吃。从此,小丢子天天去给妈妈买饼吃。

这天早晨,小丢子又去买烧饼了。卖烧饼的白胡子老人问他,天天买饼给谁吃?小丢子告诉老人说,买给妈妈吃。白胡子老人听了他的话点了点头,然后拿起两个烧饼揣到小丢子手上说:"孩子,今天爷爷送你两块饼,不要钱,快拿回去给你妈妈吃。"小丢子是个老实人,见不要钱,说什么也不要。白胡子老人硬是把饼揣给他,并对他说:"孩子,快回去吧,这里马上就要天崩地塌了,德州城就要被洪水淹没了,你快把这饼拿回去给你妈妈吃,吃完了,你就到德州城的衙门口,去看那一对石狮子的眼睛有没有红,如果红了,你就赶快背着你妈妈向南奔跑,孩子,千万记住,不能回头看。"说着说着,白胡子老人就不见了。他赶紧把饼揣到怀里跑回家。

一到家,小丢子连忙把饼拿出来同妈妈一起吃了。说来也怪,这饼刚吃下,他的腿也不瘸了,手也不拐了,眼睛也明亮了,妈妈也有精神了。妈妈感到很奇怪,就问是不是遇到神仙了,小丢子就把白胡子老人的话告诉了妈妈。妈妈一听,连忙对着天空磕头,感谢神仙搭救。

从这天开始,小丢子就天天到衙门口去看石狮子的眼睛。突然有一天,他发现两只石狮子的四只眼睛全都红彤彤的了。他吓得一句话也说不出来,拔腿就往家狂奔。一边跑,一边大声喊:"快跟我跑呀,这里马上就要洪水漫天了,快跑呀……"人们都以为他发了疯,也没有人去理会他。一回到家里,不由分说,小丢子背起妈妈就飞快地向南跑。顿时,天空乌云翻滚,狂风大作,暴雨倾盆。随着一声惊天动地的炸雷,铺天盖地的洪水在他身后滚滚而来,小丢子走到哪里,洪水就漫到哪里。小丢子不敢回头看,拼命地一路向前奔,也不知道跑了多远,不知道走到了哪里。他一点儿力气都没有了,就跟妈妈一齐瘫倒在了荒滩上。这时,风也停了,雨也止了,一切都恢复了平静。小丢子四下里看了看,乖乖,四周围都是汪洋一片,先前的德州城不见了,所有的人都被洪水淹了,只留下他和妈妈及脚下的一块荒滩。

今日芦洲村(李松筠 摄)

小丢子看到没什么地方可去了,只好和妈妈在这块荒地上搭棚居家,开荒种地维持生活。后来,逐渐有别的地方的人移居过来,慢慢就成了村庄。因为大家知道,这地方最早居住的人叫小丢子,这儿是洪水漫天、德州城沉没时"丢"下来的,人们就把这个地方起名为"芦丢"。若干年后,有人觉得这个庄名不雅,就改"丢"为"洲","芦丢"改成了"芦洲",并一直沿用到今天。

第八辑

你传我说

铁拐李拯救费张垛

相传,很久很久以前,人间经常发生瘟疫,玉皇大帝就派铁拐李下凡治病救人。

这一天,他来到了城东不远的一个小村庄,这里住着十几户人家,正闹瘟疫,于是变化成一个又脏又丑的讨饭老头。只见他一手拿着一只又脏又破的讨饭碗,一手拄着拐杖,拖着一条流脓淌血的瘸腿,说起话来疯疯癫癫、神经兮兮。人们看见后,都走得远远的,不搭理他。他瘫在地上,哼哼小曲,用手中的筷子刮刮腿上的蛆虫。

天色渐渐地暗下来,铁拐李坐在地上大喊大叫,要吃的。附近的一位张大妈实在是不忍心了,盛了一碗饭给了铁拐李,还要铁拐李睡到她家厨房里的锅膛门口。铁拐李三扒两咽,很快吃完。张大妈就引着他来到了厨房,铁拐李一到厨房就直奔水缸,把那又脏又破的讨饭碗往缸里一伸,舀了水咕噜咕噜喝了起来,没喝完的水还往缸里一倒。张大妈很生气,但想想这人也可怜,忙拿出一张芦箔(一种用芦苇编成的草席)放到了锅门口让铁拐李去睡。

这天夜里,张大妈做了个奇怪的梦,梦见一位手拿拐杖,身背葫芦,长须飘飘的仙人站在她面前对她说,我是铁拐李,水缸里的水能够治百病、去瘟疫,你要把缸里的水分给得了病的人喝。

张大妈一夜没睡好,早早起了床。到厨房一看,那讨饭的不在了,只留下了那张沾满了脓血的芦箔。她连忙卷起芦箔扔到门前的河里去了。说来也奇怪,那芦箔浮在水面上就是不往下沉,上面的脓血不见了,还隐隐约约躺着一个仙人的身影。张大妈突然想起了夜里的梦,连忙叫人把河里的芦筐捞上来,说是铁拐李大仙显灵来救大家了,把夜里梦到的情景一一诉说。大家一起来到张大妈的厨房,那水缸里的半缸水很清很清,就你一勺、我一瓢分着喝了。缸里的水分完了,大家就拿碗的拿碗,拿盆子的拿盆子,从河里舀上水来,当成仙水来喝。

　　自从人们喝了这水以后,大家的病就全好了。张大妈把那张芦筐从河里捞了上来,拿回家挂到自家家神柜的北墙上,天天烧香磕头。人们不忘铁拐李救命之恩,也学着张大妈的样子,用一张芦筐挂在屋里祭拜。原来这地方没有庄名,大家经过商量,就起名叫"筐张垛"。许多年之后,人们又把"筐张垛"称为"费张垛"。

第八辑

你传我说

乌牛垛上一黑牛

垛田境内,得胜湖西,有一个村落叫乌牛垛。据说,它的名字和一头黑牛有关。

相传,得胜湖里有一条长鱼精,经常在夜晚到周围村子里偷吃鸡呀,鸭呀,鹅呀的,闹得四周村子里整天担惊受怕,夜里睡不上安稳觉。

有一天,不知从哪里来了一头毛色乌黑发亮的牛。它长得膘肥体壮,站在那里虎虎生威。饿了,它就在草地上吃几口草;渴了,就在河边喝两口水;热了,就到村前的一个深水塘淹一淹,歇一歇,从来不打扰村里人。到了夜里,黑牛就在村子的四周转悠,像是在为村里人巡逻守卫。村里的老人小孩,都十分喜爱它。

有一天夜里,人们突然听到了黑牛"哞——哞——"的吼叫声,而且声音越来越响亮、越来越急促。男人们纷纷从床上爬起来,提着灯笼,打着火把,循声而去。大家发现,黑牛正低头奋蹄冲向一条桅杆粗的长鱼精,冲到面前,就用两支粗壮的牛角左突右刺。那长鱼精也不示弱,要么死死地缠住牛的角,要么死死地缠住牛的腿,双方斗得难解难分。远远站着的人们不停地大喊着为牛助威。只见黑牛越战越勇,那长鱼精渐渐不敌黑牛,且战且退,渐渐远去,消失在黑暗中。从此,村子里再也没有少过鸡鸭猪羊,大家都过上了平安的生活。

过了几天,人们惊奇地发现那黑牛又在村子的河边吃草了,还是那么精神。大家闻讯纷纷赶来,有的为它梳理那乌黑的毛发,有的为它驱赶苍蝇。那黑牛呢,不停地摆着尾巴,还不时叫唤两声,像是给人们打招呼。

后来,村里有个财主知道这是头神牛,就想办法把黑牛圈起来,打算占为己有。可是第二天早晨起来一看,早已不见了黑牛的踪影。人们四处寻找也没有找到。人们为了纪念大黑牛,就把他们的村庄叫做"乌牛垛"。

第八辑

你传我说

第九辑　美文撷英

垛　　田

那垛田丰美的花篮般盛满春光,绿油油的小岛般飘浮于绿水间。然而如垛田这般本色的"泥土",如今却越益稀见了。

诗人爱吟风弄月,哲人爱仰天长叹。我呢,可谓爱好多多,但骨子里怕是属"小人"的,所谓"小人爱土"是也。土地、田野,璞玉般未琢的生态或事物,总对我有着深长的引力。所以我虽已久居闹市,难脱对都市文明的依赖,感情上却始终无法与之亲和。有时我也担心这可能是一种异癖,甚至已泛化成迷误,我始终难以对许多人为鼓捣并被贵为文化的东西感觉兴趣,更难以对那些被加冕为明星、名人者产生崇拜。平素如此,有机会上哪儿去透透新鲜空气时也如此。顶烦的是随团式的旅游。孩子般跟着面小黄旗,屁颠屁颠地以追逐更多的所谓景点为乐,结果时间都耗于车上,看到的不外乎陈陈相因的庙啊碑啊亭子啊,沿途那颇富特色的明山丽水却被弃于汽车的尾气后了。

好在亲近自然的机缘和享受还是有的,比如新近的兴化之游。那浸淫着浓郁春意的泥土气息,至今犹在心上温煦地拂荡。但坦率说,给我这份美感的,并非颇具历史价值的文化遗存如施耐庵墓和郑板桥旧居等。它们在我心上刻下的是近乎于"知道了"的印痕。让我流连玩味大感亲切的是那村民们习见不惊的田园风情,尤其是诗一般蕴蓄、村姑般静美而迷宫般诱人的垛田。

先民们真是聪明得可以,硬是将低洼的沼泽变成千万亩良田。深挖取土,堆成高地,谓之为垛田。而掘出的沟渠恰为交通的水网。那垛田广可百亩,小仅数分,丰美的花篮般盛满春光,绿油油的小岛般飘浮于绿水间。这样的田土肥沃自不必说,还旱不患水,涝不怕淹。村人之耕作进出,全凭一叶扁舟。如此稀罕的劳作景象岂不也有几分浪漫?但若非惯常出入者,你可轻易不可盲目浪漫。须知那迷宫般错综、卦象般复杂的垛田,当年还曾是抗御日寇的天然屏障呢——贸然侵入的汽艇,不为鱼鳖者几稀!

主人一再为我们惋惜,错过了油菜花流金的佳期。我倒毫无此憾。正所谓"水光潋滟晴方好,山色空蒙雨亦奇"。此时虽黄花初谢,籽荚方满的油菜却也别具情韵。而成片大葱箭簇般青翠挺拔,密集的麦穗如少女的裙裾轻舞于风中;跃鱼泼剌闪光,轻舟欸乃隐约,此处绝无喧哗,更无烟尘。这份恬淡、幽雅,多似我们久违的梦中桃源!垛田的魅力,根本就蕴于这恬静却生机勃发的泥土气息里啊。人生于泥土,终将归于泥土。泥土不仅是生命温床,亦是归宿。此亦我们本能地亲近"泥土"之根由吧?而如垛田这般本色的"泥土"而今却越益稀见了。所以当主人言及曾多方努力,终因缺钱而未能将垛田开发成景点时,我虽理解,却也暗觉庆幸。君不见古朴的周庄,而今已沉沦于滚滚人

锦绣垛田(王虹军 摄)

潮;幽美的天目湖,几已为宾馆楼阁所蚕食。真不敢想象人声鼎沸、大起楼台的垛田,将又是何等面目!让美丽的垛田"养在深闺人未识"确乎有些遗憾,但能为生命多保留几分泥土气,何尝不是善莫大焉的高招呀。

(作者姜琍敏,《雨花》杂志执行主编)

第九辑

美文撷英

兴化垛田印象

神奇垛田

千岛湖
轻扯着云帆
飞过了长江

十二版纳
撩起筒裙
沐浴在苏北水乡

五月的花篮
把缤纷的彩礼
撒满了百里湖荡

十月的粮囤
将一个金灿灿的季节
交给车载船装

是古老的民歌
一首又一首
被旋转的风车播放

是星星们的眠床
一张又一张
随起落的扳罾摇晃

夏在水巷深处
用荷叶的绿伞盖
遮掩情侣的羞涩

冬在白玉盆里
以迎宾的醉蟹
使你将归路遗忘

啊,垛田
东方的诺亚之舟
系多少时代的梦想

垛田,迷人的画册
由无数耕耘者的汗水题签
在板桥故里珍藏

20世纪70年代看垛田(王虹军 摄)

(作者冯亦同,南京市作家协会顾问,江苏著名诗人。出版多部诗集、散文集、诗歌评论集、文学传记和散文诗剧)

正是油菜花开时

乍暖还寒的春三月,有泰州之行,饱看了一季盛开的油菜花。

这里的油菜花开得真好!友人电话里约我同行,首举的就是"油菜花开了"。她知道我对油菜花、荠菜花之类特有兴趣。当然也不是没见过,但乍一见这么成气候、这么连成片的金灿灿,免不了还是要"惊艳"则个的。所谓"使人眼前一亮",就在这儿!

"柳暗花明",最能明人眼目的,恐怕也要数这油菜花了!若把菜花比美人,那么她是乡间美人,是当今世上最稀缺的不知道自己是美人的美人。不搔首弄姿,不飞眉作眼,她就这样直直地但也是亭亭地玉立在田间。

这里有一种独特的田园景观叫做"垛田",一方一方的,凸出于地面,四周是凹下去的水渠,真所谓"一水护田将绿绕"。苏北平原是冲积平原,地势低洼,有"锅底"之谓,动辄成涝、内涝。农人们将四边的泥挖出来,堆垛到中间去,于是四边就成了渠,中间成了这样的"垛田"。眼下展现在我们面前的,这一马平川就如同植绒的、黄绿相间的方格地毯一样,茸茸的是菜花,汩汩的是渠水。坐上一条水泥船,就"船在水中走,人在花中游"了。这真是水乡人民勤劳和智慧的结晶,像新疆地区的"坎儿井"一样。

同行的男男女女都"醉入花丛"了——虽然并没喝酒,一个个兴奋地在垛田上走来走去,西服上大衣上绒线衫上,甚至额前腮边沾满着金黄,自嘲嘲人曰:"呵呵,拈花惹草,拈花惹草!"朋友都是"花痴",照了一大堆"她在丛中笑"

神奇垛田

的照片,我说:"人家是'人面桃花相映红',我们是什么?……人面菜花相映黄!"最后一句是我和朋友的异口同声,说完抚掌大笑。

这里是油菜花的故乡,这里的女孩子有没有以"菜"字命名的?我问了一下当地人,回说没听说过。这就奇了,花卉中的梅、兰、桃、菊如此等等,都入名入字,同样是花,何以"菜"字就不见人名?若说嫌菜花贱,不如梅兰菊它们尊贵,那么民间不是很流行"贱名"之俗的么?叫阿狗阿猫的很多,且认为越叫得贱越容易养活。日本似乎不种油菜花,但女孩子却颇有叫什么"菜"的,前些年走红的歌星中有一个"中森明菜",这两年又崛起了个影视明星"松岛菜菜子","明菜"直是我们眼前这明人眼目的油菜花的写照,"菜菜子"又道着了她的经济价值——油菜花不就是以"子"贵么?我说在用滥了梅、兰、杏、菊之后,在我们人满为患、重名泛滥的今天,我们是否应该考虑以"菜"字入名了。这个"菜"字,自有一种朴素的美感。

一个朋友说,不行,至少现在不行,现在新新人类的流行语中,"菜"是很贬义的。一件事情不了了之了,叫"歇菜了";说一个人、一首歌什么的不上档次,叫"很菜很菜",在这种情况下,谁还敢以"菜"行世?

一席话,说得我这么好的一项建议,只好"歇菜"了之。

垛田春光美如画(王虹军 摄)

好在油菜花不管这些，贬也好褒也好，宠爱也好践踏也好，她照样开得黄灿灿金闪闪，如火如荼。

（作者翁敏华，教授、博导，上海师范大学女子文化学院副院长）

垛田菜花黄

暮春三月,到了兴化,畅览了一番垛田油菜花。

垛田,在中国大概只存在于兴化一带。面积大的不过二三亩,小的只有一二分甚至几厘地,像一座座小岛,所以兴化人称他们那方水土为"千岛之乡"。说是岛,似乎夸张了些,在我看来倒像是凸出水面上的一张张荷叶。人们是在形如荷叶的地上耕耘种植,单这就有足够的诗情画意了。垛田与垛田之间河沟错综复杂,河连港,港连河,河荡之间,千垛并立。非此方人士,舟行于此,就会迷路于密如蛛网的河沟之间,千回百转而不得出,所以人们又把这垛田地区叫做"八卦阵"。到兴化看菜花,就是进入这"八卦阵",从水上看菜花的。

现在我们就弃岸上船了。船很小,很窄,长长的,像一只豆荚壳。坐在这豆荚壳里,就算年老如我者,似乎也唤回了几分天真,几分孩子气。垛田高出水面,船在垛田下行,油菜花就从两岸覆压向小船。那金黄色的花簇,直朝游人头上撞,脸上触,教我禁不住地想喊,想笑,想拍手。要不是我善于控制自己,怕真要有点"得意忘形"呢!

小船在垛田的棋盘格中曲折地缓缓前行,没有一段河道会笔直地通向远方,竹篙才点几下子,小船就得随着田垛转弯。坐在船上,不辨来路去路,不知东西南北,我真奇怪替我们撑船的姑娘怎会走出这"八卦阵"。我若还是个孩子,一定会组织起一帮"小萝卜头",到这垛田里来"捉迷藏"、"打埋伏"、"开展游击战"。要知道这里不该仅仅是雅士们消闲的去处,也该是孩子们的水上乐园啊！举目四望，前后左右满是菜花、菜花、菜花！在阳光的映照下，眩目的金黄、金黄、金黄！蝴蝶翩跹，蜜蜂嗡营，一阵阵浓烈的菜花香气，像酒一样醉人，我也确像醉了酒似地萌生着一些睡意了。待听到一片咿呀杂沓之声，已是影偏过中天，小船走出了"八卦阵"，靠岸了。我忽然想起了李清照的一首词"常记溪亭日暮，沉醉不知归路。兴尽晚回舟，误入藕花深处。争渡，争渡，惊起一滩鸥鹭"。这里只要将"藕花"改作"菜花"情景就依稀似之。不过，在我们的小船将靠岸的时候，惊起不是"一滩鸥鹭"，而是一群黑色的鱼鹰。

春天在这里（董维安 摄）

（作者忆明珠，著有诗集《沉吟集》、《天落水》、《忆明珠诗选》，散文集《落日楼头独语》、《白下晴窗闲笔》等，杂文集《小天地庐杂俎》等）

春风一夜"落黄金"

正是早春三月,朋友来邀:"去苏北兴化看油菜花,都是浮在水面的,海一样浩浩荡荡。"朋友又赞美地叙说:"这样的垛田风光,全世界独一无二。"我以为朋友的话有些夸张,不就是油菜花麽,春风一到,上海郊外也随处可见。但我还是经不住诱惑,毕竟难以想象,油菜花是如何"浮在水面"又似"海一样浩荡"?!

驱车近兴化市东郊,我们果然驶入了一片金灿灿的海洋,成千上万顷怒

壮观的垛田春色(王虹军 摄)

放的油菜花扑面而来,铺天盖地的小黄花,稠稠密密、蓬蓬勃勃,如浪如涛,仿佛把一切都淹没了,人和车便渐渐沉醉。我们在花海中神游,只感觉茫茫无际,整个天地被染黄了。不知是谁,触景生情地感慨道:"这真是一种整体的壮美啊。"一声赞美,使我们一车人都为眼前如此壮观的情景而顿生诗意,你一句他一句,尽管踊跃,但面对着这样一个声势浩大的整体景观,语言、诗句都显得无能为力来赞美和叙述它!我急中生智,扭头问坐在一旁的兴化市的领导:"你们不是有民歌,老百姓是怎么形容油菜花的?"他小声回答:"叫落黄金。"我不由地惊呼:"架不住兴化能造就著有《水浒传》的大文学家施耐庵啊!"而春风一夜"落黄金",真是黄了千垛,黄了村庄。

所谓"千垛",更是兴化的一大奇观。仔细察看,那无边无际的花海,原来是由一个个星罗棋布的"小岛"组成。从东南的得胜湖到西北的乌巾荡,遥遥湖荡之间,有成千上万块垛田凸出水面,大小不等,互不依连,四面皆水,形成千岛并立的大好局面。相传,这些垛田,是大禹治水时脚上落下的土。可见,这里的百姓与"治水"、与"造田"有着怎样悠长的渊源、怎样深厚的纠葛。兴化方圆两千多平方公里,水面积占去五分之一,可耕地尤为稀罕。据说,远在宋代,兴化城东完全是一片海滩,为了生存,兴化人祖祖辈辈就在这低洼的沼泽地里一船船、一锹锹地挖泥圩田,先是晒盐,后是种蒲,一直到新中国成立前,兴化人在不断突起的垛田上才改种经济价值较高的油菜,而当地的垛田人不仅用心地改良着油菜的品种,并对种植油菜从育苗到移栽、施肥都有一套成熟的经验,尤其是施肥,他们有浇河泥的绝招,而且连浇三遍,有一首歌谣这样唱道:"一浇根儿稳,二浇花儿盛,三浇籽儿圆滚滚。"兴化的油菜花确实不同一般,收成之高在全国挂帅,是进过中南海的。举目望去,一垛垛挺拔的油菜,棵棵强壮,枝高竿粗,最旺盛的要没过人的头顶,饱满的花蕾迎着阳光怒放,那样飒爽,那样浓烈,只是浓而不俗、华而不艳,仍同稻黍一样地质朴。

而兴化油菜花的质朴,更有一种难能可贵的表现,所到之处,无论圩堤沟沿,路边村头,或是房前屋后,都是黄澄澄一片,油菜花占满着这些角角落落,哪怕是零星的一点半点,它们也会寸土必争,决不荒废,这种对土地的珍惜之意,实在令人感动。我们生活在这个地球上,以土地为本,而水乡兴化造地为生的漫漫历程,使他们对每一捧泥土都别有钟情。江苏兴化的千岛垛田、万顷油菜,确是一部古老的历史,更是一道举世无双的风景啊。

(作者陆星儿,著名女作家。小说《在同一片屋顶下》获"上海文学奖",小说《今天没有太阳》获"十月文学奖")

第九辑

美文撷英

感 受 垛 田

神奇垛田

苏中兴化城东有个垛田镇,这里有无数的"垛田"。走进垛田,你会惊叹于那一片广袤而独特的土地,更诧异于造物主的神奇与诡谲:那漂浮在水面上的块块垛田,如海面上的座座岛屿,如乡场上的堆堆麦垛,如夜空中的点点星星……在我有限的经历里,好像没有见过也没有听说过别的地方有这样的地貌。这使得无数的文人雅士、各路宾客从四面八方来纷至沓来,他们或慕名而来,细心赏阅;或走马观花,一睹为快;或饱览自然风光,洗却尘世劳碌。他们为"船在垛中走,人在花中行"的水乡田园风光而陶醉,更为保存相对完好的垛田风貌而赞不绝口。垛田确乎是一块荡漾在茫茫泽国中的明珠,是一个具有鲜明风格的独一无二的美丽水乡。

春到垛田,那盛开着油菜花的金灿灿、黄艳艳的垛格,似一个个身披霓裳的仙女在万顷碧波中追逐、嬉戏。船行垛格中,你能感受到花的芳香、水的清澈、沟汊的幽深、蜜蜂的缠绵……漫步田埂上,紫的蚕豆花、白的豌豆花、黄的油菜花,夹杂着桃花的红、柳树的绿,倒映在如镜的水面上,像一副巧夺天工的画;还有那悠闲自在的鸟啊虫啊鱼呀虾呀,似乎也生活在画里了。体会这种感觉,该是和自己心仪的恋人,远离了喧嚣、远离了庸碌,偷半日空闲,操一叶扁舟,心无旁骛,固守平和,方才恰到好处。好多年过去了,我常常弄不明白,根据巴金原著改编的描写抗战时期知识分子心态的电影《寒夜》,为什么会选择垛田作为外景基地,尽管那个鲜亮、明快的场景还不足 5 分钟。有一年,我随华东六省一市作家采风团游览垛田。在典型的垛田春光中,当我面对两个清

垛田秋色（李松筠 摄）

纯的村姑、一对朴实的渔人，还有天真无邪的孩子，水天一色的湖景时，我的心忽然一动，似乎明白了什么。至于后来中央电视台音乐桥栏目到垛田拍摄MTV《把心交给祖国》时，我就不以为奇了。如果说春的垛田是金黄的恣情，油菜花的海洋；那么夏秋冬的垛田，则是碧绿的宣言，香葱的天地。那一个个绿色的垛子，尽情宣泄着大自然的才情和慷慨，仿佛是在一个晶莹的玉盘里，随意地丢下一把玲珑剔透的翡翠，让你领悟到春色永驻这个词的绝妙演绎。

如同每一个旅游景点都有属于自己的神话、传说、掌故一样，垛田也不例外，尽管它还没有形成严格意义上的旅游。一说是八仙过海时，何仙姑抖落的片片花瓣。一说是铁拐李偷吃蟠桃，被王母娘娘打入凡尘，罚种金瓜，那垛子就是铁拐李随口吐出的粒粒瓜籽。还有一说是大禹治水有功，深得舜的赏识，舜紧急召见，欲委以重任，大禹顾不得满身泥水，披星戴月，日夜兼程，当走到东海之滨时，只见茫茫泽国，白浪滔天。大禹惊问随从何故，随从应答，大概忘了治理。大禹心急如焚，浑身乱抓，泥巴一块块掉下来，变成横一块竖一块、大一块小一块、杂乱无章的"垛田"了。这三种传说赋予垛田这块土地荷花的清香、秀美，金瓜籽的殷实、吉祥，泥巴的厚重、质朴，使我们从中领悟到"垛田"的那份神秘、那份浪漫、那份悠远……

文人的想象也是奇妙的，他们在游览垛田之后，总乐意给垛田留下点什么。书法、美术、摄影、诗歌、散文等不计其数。他们把垛田说活了，写神了，但没有半点矫情,有的只是真情实感的自然流露。冯亦同吟道:"千岛湖/轻扯着云帆/飞过了长江/十二版纳/撩起筒裙/沐浴在苏北水乡……"张成之撰联:"河有万弯多碧水,田无一垛不黄花。"贾平凹感叹:"难怪施耐庵能写出神神秘秘的水泊梁山,能写出浪里白条这样栩栩如生的水上人物。不虚此行,不虚此行。"忆明珠甚至这样想:我若是个孩子,一定会组织起一帮"小萝卜头",到垛田来"捉迷藏"、"打埋伏"、"开展游击战"。穆青干脆断言:垛田是二十一世纪的旅游胜地。

垛田,这方神奇的土地,同样留下了无数前贤的足迹。郑板桥就出生在垛田,他的第一脚就踏在垛田的土地上。他的诗书画三绝,该不会就与垛田这充满灵性、隐藏怪异的土地有关吧?施耐庵则是一定到过得胜湖的。车路河与得胜湖的入口处就叫"水浒港",是先有《水浒传》还是先有"水浒港",至今未有定论。不过,《水浒传》与得胜湖无疑是有紧密联系的,这在若干《水浒传》研究专家的论著里得到证实。《兴化县志》载:"飞率军……途径兴化时,曾驻师县城及城东旗杆荡等处。"是垛田纵横交错的"八卦阵",锻造了岳家军的机敏、善战;是旗杆荡气势恢宏的芦苇荡,赋予了岳家军精忠报国、慷慨赴死的凛然正气。还有五朝元老高谷、状元宰相李春芳、清代著名经学家任大椿……在垛田这块空灵、飘逸的圣地上不期而遇。垛田,更像一位慈爱的母亲,把得胜湖、旗杆荡、上方寺……把两厢瓜圃、十里菱塘……紧紧呵护在自己的怀里。

又是一年菜花黄,垛田又热闹起来了。一个星期天,我在垛田文化站站长李松筠的陪伴下,重游垛田。我们在得胜湖畔静听施耐庵先生低缓的长吟,我们在旗杆荡里寻访猎猎作响的岳家军大旗,我们在大徐垛李春芳花园里亲嗅桃花的芬芳,我们在菜花掩映的垛格中荡舟……当我站在张皮垛一农户的楼房顶上,放眼远望,沉醉于千垛春色,想象着造物主的伟大,正欲举起相机时,心竟狂跳不已,似海市蜃楼般,眼前异常清晰出现一些场景:在茫茫的沼泽地里,看不到一块绿地,只有芦苇、野莲、还有水鸟……忽然有一天,水退了,不知从何处涌来一群人。他们在干涸的河床上垒起一个个土堆,并在上面种上蔬菜、蓝靛。他们满怀希望地等待收获,而这时梅雨季节来了,土地被淹没了。人们无奈地看着自己的劳动被摧毁。后来水渐渐退了,人们将依稀可辨的土堆再垒高培大、淹了再来,就这样年复一年,土堆越来越高,越来越大,越来越多,洪水再来的时候,它们就像一个个小岛,又像一瓣瓣荷花漂浮在水上。那上面的庄稼长得那么喜人,人们茫然的脸上绽露出欣喜……我的心头不禁一亮:这不正是我苦苦找寻的关于垛田的真正来历吗?

(作者刘春龙,兴化市文化广电新闻出版局局长、江苏省作家协会会员,出版有中篇小说集《无意插柳》、长篇小说《深爱至痛》,散文集《乡村捕钓散记》获"江苏省第四届紫金山文学奖散文奖")

第九辑

美文撷英

出产性格的地方

神奇垛田

第一次站在郑板桥故居的门口时,我首先注意到的是周边的环境:街道还是老格局,有人在路边不紧不慢操持着家务。他们的祖先没准真的与郑板桥打过交道。

悠闲的景象使我产生了两个疑问:"一方水土养一方人",那么,郑板桥桀骜不驯的性格与兴化有何关系?还有,眼下为地方扬名的招数层出不穷,如"一个叫春的城市"的广告词以及三地争抢西门庆故里的闹剧,兴化人守着郑板桥竟如此淡然——国内哪个景点门口卖"难得糊涂"条幅的都比兴化多!

在兴化城里转一圈,我似乎有点明白了:街巷中随处可见状元、进士牌坊,市中心的四牌楼上悬挂着47块牌匾,涉及81人!名人太多,稀罕不过来。

可是,这里为什么会出这么多名人呢?我把自己问住了。

兴化的另一名胜是湖荡中的垛田——把湖底的泥挖起来,垛得高出水面,上面种庄稼,周边水域用于养殖。清淤、肥田、多种经营,一举三得。据说垛田景色以油菜花季最佳,一方方垛田宛如满载鲜花的小船,漂满湖面。可惜我没赶上菜花季节,不过这里独特的劳作方式还是给我留下了深刻印象:人们划着小船去种田,船在垛边拴好,三两个土窝就是上垛田的楼梯。不少人在垛田腰部垒出一道箍,既防止水土流失,又为劳作提供了立足点,如此金贵的垛田,如此金贵的庄稼,谁舍得踏足?

正是香葱和莴笋的收获时节,农民们在自家小船上把香葱去了大根,或把莴笋削成一筐筐翡翠,招呼蔬菜加工厂的船过来收购。交易每天都在进行,交易过后又是一茬播种。一位刚卖完香葱的农民对我说:"现在到处推广高效农业,到我们这儿就没法推广。垛田自古就高效!只有那点地,要养活那么多人,不高效行么?要说单位面积产值,哪儿都不如垛田高!"的确,在这无边的湖荡里,还真见不着种粮食的,种粮食效益太低。

垛上蝴蝶翻飞如云的,一定是种了卷心菜。一位大妈在蝴蝶丛中用绑在竹梢的旧茶缸给卷心菜浇水,每株一杯,一丝不苟。她抱怨天旱,每天得过来浇两次水。她指着脚下的水痕说:"去年的水位到这儿,今年呢,我连正常的水舀子也端不动了。"我们面面相觑,水面与水痕相差足有一米二!城里人大多把自然灾害当做新闻来听,只有到了农村你才能切实感受到它的可怕。

大妈今年六十五了,三个儿子都在外闯荡,两个做生意,一个打工。问她为什么还要种地,她反问:"不种地闲着干吗呢?"

同行的老董后来告诉我,兴化大多是外来人。几百年前这里是大片沼泽,洪水来去无遮拦,从明朝洪武年间起,政府多次组织大规模移民来开发这片土地。新来者没有土地,只能向沼泽要生存,于是有了垛田。

垛田不具有阻止洪水泛滥的功能,可以想见那些拓荒者的艰辛:庄稼被淹了,水退之后立刻补种,而且把垛田垛得更高。这是一场持续了几百年的较量,垛田名扬天下已道出了胜负。

今日垛田皆美景(杨天民 摄)

我忽然想起了郑板桥。资料上传说他祖上从苏州迁来兴化,到他已是第十四代,推算下来大约是在洪武年间!

他的家族和其他拓荒者一样,不气馁,不言败,祖祖辈辈,融入基因。

这或许是他特立独行性格的渊源。这或许也是兴化历来名人辈出的原因——成功者未必是智商最高的,但一定是持有坚韧的个性并能持之以恒的,而垛田,正是出产这种性格的地方。

(作者周伟,中国作协会员,自由撰稿人)

家乡油菜花

垛上童趣（顾晓中 摄）

童年的记忆里就开满了油菜花。

满垛满垛的菜花开了，眼前一片金灿灿，一片好新好新的天地。可以穿起小裆裤，敞开衣扣，打起卷腿，赤脚在水沿荒滩拾螺螺了！可以跟着哥哥们钓小鱼、抓青蛙、张鳅鱼了！可以在这个天地里乱蹦乱跳玩个痛快了！

玩累了，就坐在菜花旁，摘几根粗壮的菜薹，剥掉皮咬一口，嫩嫩的，甜甜的，带着青菜的鲜、春雨的酣。那口味，比如今的香蕉、苹果不知要强多少倍。

太阳旺旺地晒上来，成群的野蜜蜂（那时我们叫它"吴公"）在菜花丛中飞来飞去，身上沾满了黄色的花粉儿，便飞到草屋檐下，一头钻进稍大的芦柴管里"屙屎"去了。于是我们做下记号，过几天把那根柴杆抽出来又小心地掰开，呵，一段一段的"吴公屎"，同菜花一样的黄、一样的香。用柴篾子挑上一块，一抿嘴，那么鲜、那么甜。大人说，这都是菜花的精华。那时总想。一年里头天天开着菜花，天天有"吴公"嗡嗡地飞，天天吃到鲜甜清香的"吴公屎"该多好。

那一年，菜花又开了。刚刚学会撑船的几个同学相约着在星期天自己弄船到湖里拾田螺。一眼望不到边的湖荡里,滩草青青,湖水碧碧,田螺又大又多,每人拾了满满一麻篮。渴了,抄几把甘甜的湖水;饿了,抠几段雪白的芦根;累了,坐在小船上,脚挂在湖水里,讲吉高的故事,讲鬼子来了怎样埋伏怎样打枪掼手榴弹。说得乏了,索性躺在船板上,任由太阳暖暖地照晒,任由微风轻轻地抚摸。又不知谁挌了谁的胳窝扭打起来,小船剧烈地晃荡着,笑骂声连同水面的涟漪一圈一圈荡开去,惊飞了一群野鸭。

太阳像个大红灯笼挂到了西天边,这才想起回家。伙伴们你撑一会,他撑一段,轮不上的就坐在船后用脚使劲拨着水,小木船竟也飞快地在小沟里穿行。周围的垛子,高一块低一块,大一块小一块,长一块方一块,顶上、边上满是菜花。那菜花就像一张张金黄金黄的小脸嬉笑着挤在一起,几乎挤到水面。要不是离水面尺把高的"脚层"旁绿色裙边般的那一圈蚕豆,你真会以为菜花是从水里冒出来的。有时小船行驶在宽些的河港里,两边的垛子就像是些大大小小的金色毛毛虫往后爬去;有时小船转进窄小的垛沟,我们便从菜花的夹缝里挤过,沾一身黄黄的花粉,落一舱甜甜的花瓣。轻风阵阵吹过,那扑鼻而来的清香,拌和着小伙伴们的歌声嬉笑声,酿成春的甘醇,弥漫在我们的四周。兴许醉了,或是贪恋,小船载着我们在这春的图画、春的迷宫里转来转去,就是走不到回家的路,直到圆圆的月亮爬上菜花,直到听见大人的呼喊声。

从此,这幅家乡春色图便深深地印在记忆里,那图上开满了油菜花,一朵朵、一簇簇、一垛垛、一片片。

长大了,我也渐渐地懂得,家乡春色美,美在菜花;菜花美,是乡亲们心血和汗水的升华。

这些年,家乡的油菜花日渐减少,镶嵌其间的,有香葱的碧绿,也有地膜大棚的乳白,这是家乡人提高经济效益,重绘美好春色的新手笔。

呵,家乡的垛,家乡的人,永远是我心中的"油菜花"。千花万花,开不过她。

(作者李松筠,兴化垛田人,退休文化干部,中国民俗摄影协会会员、江苏省摄影家协会会员,已出版散文集《垛上杂弹》)

垛田，罕见的地理空间

垛田坐落在里下河腹地兴化。其实，垛田有两个概念，一个是行政区划上的，一个是地貌特征上的，所以就有了这么一句话，"兴化城东有个垛田镇，垛田镇里有无数的垛田"。这两个概念常常被人弄混了，不过倒也可以互换，怎么说都行。

那就到垛田去看垛田吧。找一个制高点，极目远眺，呈现在眼前的，是一幅巨大的水彩画：银色的湖荡是她的背景，成百上千大大小小高高低低形状各异的垛子，随性散落在湖荡里，把硕大的湖荡划出了条条河沟，这些清冽的河沟彼此相连，互相呼应，构成一张网，一个棋盘，一身经脉。垛子上，是一片炫目的金黄，那是青春期的油菜花，那流金的色彩，把每一片水都染得金灿灿的。红的白的豌豆花、青青的芦苇，为这幅画做了点点的勾边。

垛田从哪儿来？有许许多多神奇的传说。八仙过海，何仙姑撒下片片花瓣，成了垛田；铁拐李吐出的粒粒金瓜籽，成了垛田；大禹身上抓落的泥巴，成了垛田……每一个传说都与神与仙与古老有关。

垛田的真正由来，还没有确切完整的文字记载，仅能从只言片语中推测和出土文物中考证。

垛田境内耿家垛出土的大量碎陶片以及古井、古镜、筒瓦残片、古街道遗迹，证实了早在战国至汉代此处已设有行政建制。这个时候，先民们已经具有相当高的文明程度。他们择高地而居住，面对肆虐的洪水，筑堤堵水，挖河疏流，一代一代，垒土成垛。水淹了，再加高；淹了，再加。他们从原始的渔猎生活,逐步踏上高高的垛子,以胜利者的姿态种植蓝靛、种植蔬菜瓜果及其他作物。

在垛子上种植作物有其独特的优势。垛子阳光充足,排水好,通风畅,灌溉方便。因此,油菜、芋头、香葱、西瓜等数十种旱作物成了垛子的宠儿。这些宠儿每天都需要水,但却不可以长期浸泡在水中。所以,在垛子上种植,劳动量是很大的。这就让垛田人的勤劳有了合理的注解。20世纪五六十年代,垛田油菜籽单产曾获全国第一,《人民日报》把"垛田油菜,全国挂帅"八个字用了很大的字体告诉中国和世界。垛田的芋头香、软、白、糯,名扬四海。垛田香葱可谓漂洋过海了。作为油菜花的"妹妹",香葱以一身碧玉装束,迅速替换了油菜花无边无际的金黄。在替换过程中,垛田还把富足收获在自己的腰包。

有人说,垛田是水做的,或者说垛田是水的女儿,够诗情的了。但垛田四围缠绵的水,滋养了垛上万物是毋庸置疑的。垛上人一瓢瓢水,一瓢瓢汗,一道槽二道槽地往上接力,浇肥了青菜、韭菜、香葱,浇甜了西瓜、香瓜、酥瓜。

这潺潺的河流、湖泊,不但滋养了垛上的庄稼,还是鱼虾蟹鳖的天堂。当地渔人灵活地使用祖辈传下来的数十种捕钓方式,捕获水中或隐或现的水鲜,就着船边,舀取一瓢清水,让你体会板桥先生"湖水煮湖鱼"的乐趣。"九夏芙蓉三秋菱藕,四围香菜万顷鱼虾"是垛田田园风光的真实写照。

说到郑板桥,自然会想起在垛田留下足迹的名人。板桥先生家住东门外,东门外隔河相望就是垛田啊!他的六分半书,乱石铺街与垛田的横陈自如、古朴随性有着天然的暗合。旗杆荡因岳飞抗金时操练水军竖立的旗杆而得名,这个名字至今还在沿用。施耐庵则是一定到过垛田的,得胜湖边就有一块叫"水浒港"的水泊,《水浒传》与得胜湖无疑是有紧密联系的,这在若干《水浒传》研究专家的论著里得到证实。

垛田,因其罕见的地形地貌,独特的人文历史,神奇的故事传说,秀丽的风景风情,优美的民歌民谣,自古以来就吸引无数文人墨客来此观光游览。清代,扬州八怪经常聚集于此,驾一小舟畅游花间,饮酒湖中,吟诗作赋;状元宰相李春芳花海寻诗,在垛田觅得梦中佳人;自古昭阳十二景,垛田就占有"胜湖秋月"、"十里菱塘"、"两厢瓜圃"三景。

垛田,因其天生丽质,让无数的文人墨客为之倾倒。忆明珠、陆星儿、范小青、梅汝恺、冯亦同等著名作家纷纷撰美文推介。贾平凹沉醉在千垛菜花中,喃喃自语:"有如此灵性的垛田,施耐庵写出那部不朽之作《水浒传》也就不足为怪了。"原新华社社长穆青断言:"垛田是 21 世纪的旅游胜地"。《江苏旅游》认为:"真正意义上的水乡在兴化垛田"。著名摄影家吕厚民拍摄的《垛田春色图》在《人民画报》发表并获奖,引来无数中外名人来垛田观光、采风。

垛田,装点了多少人的镜头和梦境,让无数的游人不远千里,来感受这独特水土的旷世之美,来沉淀烦躁烦恼和烦心。

凡是来过垛田的人,无不充满收获,无不满载而归,甚至在心中,带一个垛子,带一道风景回家。

毋庸讳言,这美丽的风景在工业现代化面前,也备受威胁。首先是垛子矮了。先民们世世代代把垛子垒高,是为了抵御洪水袭击。现在防洪工程做好了,洪涝灾害远离了水乡,还要那么高的垛子干什么?降低垛子高度也便于生产,同时扩大了种植面积,增加产量和效益,在老百姓看来,何乐不为?还有,垛田满眼金色的油菜花之壮观也淡薄了许多,香葱的经济效益让老百姓不仅仅考虑看花赏景了。不过,这一点,倒是影响不太大,绿色垛田,一样美嘛!况且,种植香葱是一年四季的活计,满垛翠绿的香葱把整个垛田都定格在融融的春色里了。最主要的,是垛田紧邻城区,城市的扩张也蚕食着垛田这幅图画,因此,垛田少了。这是让人揪心的事。不知会不会有一天,垛田被一张设计精美的规划图取代了呢?会不会有一天,老师靠图片向孩子们讲解垛田呢?

这一点,垛田人一点也不悲观。他们知道,脚下的这片水土是灵性的,是宝贝,是黄金。金子总是要闪光的。垛田人也从未停止过保护祖上最珍贵的馈赠。1995 年举办垛田菜花节论证会,最早提出了垛田旅游的概念;2009 年,垛田成为央视《欢乐中国行·魅力兴化》节目的最亮看点;2009 年,垛田文化景观被列入第三次全国文物普查重大新发现;2010 年,千岛垛田菜花被评为"中国最美油菜花海"……事实上,所有信息与宣传中,垛田美景,特别是油菜花都是浓墨重彩的一页。

千垛万圩入画来(杨天民 摄)

垛田,见证了这方水土的变迁,是兴化,乃至里下河地区一段远古的记忆,是研究这个地区甚至更大区域范围地理、历史、人文的一个重要的标本和活化石。

(作者董景云,兴化市文化广电新闻出版局创作室主任,中国戏剧文学学会会员,有多篇小说、散文在报刊发表)